촘스키와 무히카

우리는
어떻게 살아가야
하는가

우리는 어떻게 살아가야 하는가

촘스키와 무히카
CHOMSKY & MUJICA

사울 알비드레스 지음
노엄 촘스키·호세 무히카 대담

──────── 청년에게 전하는 21세기 생존 지침
SOBREVIVIENDO AL SIGLO XXI

최시리 옮김
최명호 감수

시대의창

청년에게 전하는 21세기 생존 지침

**촘스키와 무히카,
우리는 *어떻게* 살아가야 하는가**

초판1쇄 2025년 6월 2일 발행

지은이 사울 알비드레스
대담 노엄 촘스키·호세 무히카
옮긴이 최사라
감수자 최명호

펴낸이 김성실
책임편집 박성훈
제작 한영문화사

펴낸곳 시대의창   **등록** 제10-1756호(1999. 5. 11)
주소 03985 서울시 마포구 연희로 19-1
전화 02)335-6121   **팩스** 02)325-5607
전자우편 sidaebooks@daum.net
페이스북 www.facebook.com /sidaebooks
트위터 @sidaebooks

ISBN 978-89-5940-865-8 (03300)

잘못된 책은 구입하신 곳에서 바꾸어드립니다

경애와 감사의 마음을 담아,

이 책을 줄리언 어산지에게 바칩니다.

차례

1
독수리와 콘도르*

: 촘스키와 무히카를 발견하다

---

* 독수리는 북미 지역을 상징하고, 콘도르는 남미 안데스 지역을 상징한다. 이 책에서는 각각 북미와 남미 그리고 촘스키와 무히카를 동시에 상징한다.

"대체 내가 여기서 뭘 하고 있는 거지?" 나는 묻고 또 물으며, 볼리비아 라파스 거리를 정처 없이 걸었다. 이국 땅에 있어서 불안한 건 아니었다. 어느 곳에 있었어도 마찬가지였을 테니까. 나는 삶의 의미를 곱씹으며 집을 떠나 이곳에 온 나의 결정을 두고 생각에 잠겼다.

그렇게 몇 시간을 걷다 보니 뭔가 특별한 시장에 이르게 되었다. 온갖 종류의 공예품과 작물을 파는 곳이었다. 놀랄 만큼 아름다웠다. 그중 가장 눈길을 끈 물건은 라마(낙타와 비슷한 안데스 포유동물로 볼리비아에 오기 전까지 나는 한 번도 본 적이 없었다) 새끼였다. 수십 마리였다. 사람들은 내가 있는 곳이 **마녀 거리**에 있는 전통 시장이라고 알려주었다. 나는 은밀한 종교에 별 관심이 없는 사람임에도 그곳의 신비로운 분위기에 이끌렸다.

볼리비아에서 여러 달을 지냈지만, 그날은 언제 다시 볼 수 있을지 기약할 수 없는 여동생에게 줄 선물을 사려고 막 여행 온 관광객처럼 돌아다녔다. 이 시장은 좁은 거리를 따라 이어졌고 사람들로 북적댔다. 몇 블록을 걷자 가게 앞에서 나를 쳐다보는 한 할머니의 시선이 느껴졌다. 멀리서도 수많은 군중을 가로질러 나를 바라보는 강렬한 눈빛이 다소 불편했지만, 어느덧 나는 할머니의 가게로 들어가고 있었다. 나는 라마 태아를 포함한 몇 가지 물건에 관해 물었다. 할머니는 출산 과정에서 살아남지 못한 새끼를 박제하여 '차야'라고 불리는 고대의 제사 의식에 제물로 사용한다고 설명했다. **차야**는 아이마라어로 '이슬을 뿌리다' 혹은 '물을 뿌리다'란 뜻이다. '파차마마' 즉 '대지의 여신(어머니)'에게 감사를 표현하는 말이다.

나는 조금 뒤 다른 물건들에 관해서도 물었지만 할머니는 더 이상 내게 관심을 보이지 않았다. 그녀는 무뚝뚝해 보였다. 내가 물건을 사든 말든 상관없는 듯했다. 그저 나를 지켜보면서 내가 가장 좋아하는 물건을 찾을 때까지 다 둘러보라고 말할 뿐이었다.

나는 가게를 돌아다니다가 아름다운 나무조각상 앞에서 발길을 멈췄다. 독수리와 콘도르가 함께 날아가는 형상이었다. 그때 할머니가 내 옆에 섰다. 2014년이었다. 나무 조각은 그 당시 내가 존경하는 두 인물, 미국의 지식인 노엄 촘스키Noam Chomsky와 우루과이의 정치인 호세 무히카José Mujica를 즉시 연상시켰다. 그들의 정치적 접근 방식과 삶의 철학에는 공통점이 있다. 나는 그 급진성에 매료되어 두 인물을 깊이 연구하던 차였다. 알 수 없는 힘으로 나를 그 시장으로 이끈 근심이 그들을 파고들게 된 계기였다.

나는 조각상의 값이 아니라 그 의미가 무엇인지 물어보려고 할머니를 불렀다. 할머니는 조각상이 "독수리와 콘도르의 계시"라고 답했다. 호기심이 동한 나는 그 내용이 무엇인지 되물었다. 대답을 그대로 옮길 수는 없지만 이러했다.

북미와 남미의 현자, 무당, 존경받는 장로 들은 태초에 하나인 인류로 자연과 조화롭게 살았다. 그러나 어느 날 독수리 인류와 콘도르 인류, 두 부류로 나뉜다. 주로 이성적이고 남성적인 기운을 지향하는 독수리 인류는 지성과 물질 세계의 유혹을 받아, 엄청난 기술적 위업을 달성하여 거대한 권력을 획득한다. 반면, 섬세하고 여성적인 에너지와 조화를 이루는 콘도르 인류는 감각과 정신, 자연 세계와의 관계를 중시한다. 이들은 세계를 지배하려는 독수리 인류에 비해 분명 불리할 것이다. 이러한 불균형은 궁극적으로 두 인류의 존망을 위협하리라. 허나 수세기의 기다림이 끝나는 날 독수리와 콘도르가 다시 함께 날아오를 때가 온다. 그 비행에서 또 다른 인류가 탄생할 것이며, 위기에서 살아남은 인류, 바로 '케찰* 인류'가 탄생할 것이다.

그 당시 나는 노엄 촘스키와 호세 무히카를 각각 '북방의 현자'와

---

* 케찰Quetzal은 중앙아메리카, 특히 과테말라의 상징적인 새로 아름다운 녹색과 붉은 깃털을 가졌다. 과거 마야와 아스테카 문명에서 신성한 동물로 여겨졌으며, 자유와 생명의 상징으로도 불렸다. 케찰의 깃털은 왕실 의복과 의식에 사용되었다. 이 새는 절대 사로잡히지 않고 자유롭게 살아야 한다는 믿음 때문에 더 신성하게 여겨졌다. -옮긴이 주

'남방의 현자'라고 부르곤 했다. (몇 년 후 촘스키는 이것은 사실이 아닐뿐더러 너무 과한 말이라고 지적하면서 그렇게 부르지 말라고 나에게 다정하게 당부했다.) 독수리는 북미를 대표하는 상징이고, 콘도르는 남미를 대표하는 상징이기 때문에 나는 그 나무조각상을 보자마자 반사적으로 그들이 떠올랐다. 그 순간 그들과 만나야겠다고 생각했다. 그러나 예언을 듣고 나서 나는 깨달았다. 독수리가 현대 서구 문명과 세계화된 세계와 인간 중심적 현실 세계관을 대표한다는 점을, 반면 콘도르는 전 세계 토착 문명과 조상 문명의 문화와 생물 중심적 세계관을 대표한다는 사실을. 나는 그날 여동생에게 줄 선물만 사고 그 나무조각상을 사지 못한 것을 후회한다. 하지만 독수리와 콘도르의 계시는 나와 영원히 함께할 것이다.

그즈음에 나는 볼리비아에서 언론인 친구의 집에 머물렀다. 시장을 빠져나온 뒤에도 나는 두 시간을 더 걸었다. 우울함을 떨쳐내려는 카타르시스적인 여정이었다. 나는 과거에 노엄 촘스키와 호세 무히카 사이에서 발견한 공통점이 내가 방금 시장에서 들은 계시와 어떻게 연결되는지를 깨달아갔다. 놀라운 전환점이었다. 더 이상 나는 내가 여기서 무엇을 하는지 자문하며 돌아다닐 필요가 없었다. 이제 내 호기심은 무엇보다 케찰의 의미에 집중되었다. 어떤 이유인지는 몰라도, 그 질문 끝에는 내가 2012년 봄에 잃고 만 길과 평화가 있을 것 같았다.

내 이름은 사울 알비드레스 루이스Saúl Alvídrez Ruiz다. 1988년 멕시코 치와와주에서 태어났다. 그러니까 나는 판초비야[1]의 고향인, 라틴아메리카의 북쪽 국경 마을에서 태어난 밀레니얼세대다. 중산층 노동자 가정에서 자랐고, 아주 어릴 때부터 음악과 정치에 열정이 있었다. 나중에 모든 것이 바뀌었지만, 십 대 시절 나 자신을 '좌파 로커'라고 생각했다. 멕시코 대통령이 되겠다는 원대한 꿈을 품기도 했다. 나는 유년기와 청소년기에 가톨릭 기관에서 교육을 받았는데, 이는 내 인생에 큰 의미였다. 나는 열두 살 때 부모님과 상의도 하지 않고 학교에서 주관하는 신앙 견진성사(종교적 성인식)를 거부한 우리 세대의 유일한 학생이었다. 신부와 교수 들과 여러 차례 논쟁했지만, 나는 교회의 권위와 교회가 신을 독점하려는 작태에서 결코 정당성을 찾을 수 없었다.

십 대 때 나는 치와와주를 대표하는 전국 농구 및 육상 선수권 대회에 참가한 덕분에 몬테레이 공과대학 치와와 캠퍼스에 60퍼센트 장학금을 받고 입학할 수 있었다. 그런데 내가 대학에 입학한 지 얼마 되지 않아, 어머니는 몇 달 간의 고된 투병 끝에 돌아가셨다. 내가 막 열아홉 살이 되었을 때였다. 그래서 나는 멕시코시티로 이주해, 100퍼센트 장학금을 받고 대학을 마칠 수 있었다. 나는 멕시코시티에서 정치를 해보기로 결심했다. 샤워를 할 때면 여전히 노래를 불렀지만 프로그레시브 록 밴드 활동은 그때부터 뒷전이었다.

나는 몬테레이 공대 산타페 캠퍼스의 법경제학과의 학생회 회장이 되었다. 그 시기 나는 위키리크스 설립자인 줄리언 어산지Julian

Assange를 깊이 존경했다. 영국 록 밴드 핑크 플로이드에 대한 존경심과 맞먹을 정도였다. 그때까지 나는 노엄 촘스키나 호세 무히카에 관해서는 거의 알지 못했다. 앞서 말했듯 나는 그때까지 나 자신을 '좌파'로 여겼다. 마지막 학기인 2012년이 되어서야 나는 내가 아직 어른도 아니고 좌파도 아니라는 사실을 깨달았다. 실제로는 특권만 누리는 또 다른 '귀뚜라미'에 불과했다. 멕시코에서는 (의식적이든 무의식적이든) 단지 허영심과 개인 이익 때문에 정치권력에 매력을 느끼는 사람들, 타인을 위해서가 아니라 그저 자신을 위해 복무하는 사람들을 귀뚜라미라고 부른다.

2012년 4월 말, 대학교 마지막 학기에 아버지마저 돌아가셨다. 나는 그때 막 스물네 살이 되었는데, 어머니가 돌아가셨을 때처럼 깊이 상심했다. 그런데 2주 뒤 벌어진 사건이 내 마음에 더 큰 상처를 남겼다. 같은 해 5월 11일, 대선 선거운동이 한창이던 때, 엔리케 페냐 니에토Enrique Peña Nieto 후보는 멕시코시티의 이베로 대학에서 강연을 할 예정이었다. 이 대학은 몬테레이 공대와 마찬가지로 아메리카에서 가장 비싼 신자유주의 분위기의 사립대학 가운데 하나다. 이런 맥락을 고려할 때 전혀 예상할 수 없는 일이 벌어졌다. 멕시코 우익이 가장 좋아하는 후보이자 제도혁명당PRI의 기수였던 페냐 니에토가 학생들의 시위로 궁지에 몰린 것이다. 그가 주지사 시절 자행한 부패와 탄압 행위를 학생들이 큰소리로 규탄했다. 시위가 너무 격렬한 나머지 페냐 니에토가 대학을 벗어날 때 경호팀이 학생들을 격리해야 했다. 그는 캠퍼스 화장실에 숨기도 했다. 학생들은 2008년 이라크 전쟁 때 조지 부시가 신발에 맞은 것처럼 페냐 니에토에게 신발을 던지기도 했다.[2]

페냐 니에토의 선거 캠프 대변인은 같은 날 이베로 대학에서 시위를 벌인 사람들이 대학생이 아니라 외부에서 동원된 사람들이라고 언론에 발표했다. 이에 시위에 참가한 대학생 131명은 "나는 동원되지 않았다. 나는 이베로 대학 학생이다"라고 말하며 이를 증명하는 영상을 만들어 올렸다. 몇 시간 만에 그 영상은 화장실에 갇혀 겁먹은 페냐 니에토의 모습만큼 화제가 되었다. 다음 날, 조직적인 조작 속에서 대다수 지역과 전국 언론 매체는 "보이콧 시도 무색케 한 페냐 니에토의 성공적 행보"라는 동일한 헤드라인을 게재했다.[3]

나는 이베로 대학의 시위에는 참석하지 않았다. 몬테레이 공과대학 학생이었으니까. 하지만 내가 페이스북에 'Yo Soy 132'(나는 132번째다)라는 이름으로 개설한 그룹(이틀 만에 9만 명이 회원 가입)에서, 나는 이베로 대학 학생 몇몇에게 연락하여 회의를 제안했다. 아나우악 대학의 학생 두 명과 ITAM 대학(멕시코 자치 공과대학)의 학생 두 명도 이 회의에 초대했다. 이 나라에서 가장 '배타적인' 교육기관을 대표하는 사립대학 네 곳[4]의 학생들이었다.

회의는 5월 15일 이베로 대학에서 열렸다. 약 30명의 학생이 그 자리에 참석했다. 나는 줄리언 어산지의 아이디어[5]에 영감을 받아 회의 전날 밤 내내 생각을 거듭했다. 나는 참석한 학생들에게 영상을 올린 131명의 학생과 연대한다는 의미로 'Yo Soy 132'라는 이름으로 학생운동을 조직하자고 제안했다. 목표는 미디어의 민주화와 엔리케 페냐 니에토 후보의 낙선이었다. 페냐 니에토는 '부패한 탄압자'라는 비난을 받았음에도 불구하고 멕시코에서 가장 강력한 미디어 기업인 텔레비사[6]가 만들어낸 '광고 상품'으로 널리 인식되었다. 나는 또한 5월 18일에 공립대학 학생들과 함께 텔레비사 본사를 향해 행진해 텔레비사의 선거 개입에 항의하자고, 그리고 텔레비사의 카메라와 기자들 앞에서 사람들에게 5월 23일 전국 주요 광장에서 연합 시위를 벌이자고 제안했다. 우리는 계획을 합의했고 실행했다. 이 운동이 선거 과정 전반에 걸쳐 보여준 놀라운 동원력 덕분에 Yo Soy 132는 순식간에 21세기 최대의 학생운동이 되었다('멕시코의 봄' 또는 '멕시코 점령'이라고도 한다). 당시 멕시코에서 이 운동은 '과두 정권의 대선 프로젝트'에 가장 위협적인 세력으로 급부상했다.

　개인적으로 그 경험은 나 역시 변화시켰다. 나는 더 이상 '귀뚜라미'가 아니었다. 학생운동 동료들(특히 공립대학 졸업생들은 정치 경험이 많다)에게서 배운 것도 많았다. 하지만 나는 그 이상으로 공격도 당했다. 학생운동을 향한 공격이 나 개인을 겨냥했기 때문이다. 내가 당시 좌파 후보였던 안드레스 마누엘 로페스 오브라도르 밑에서 일한다는 비난도 받았다. 이는 Yo Soy 132의 한 회원이라는 자가 완전 허위로 고발한 것으로, 이 거짓말이 7월 1일 표결 직전에 주요 언론을 통해 스캔들로 보도됐다. PRI(제도혁명당)와 통제할 수 없는 언론들, 그리고 그들의 지원을 받아 나를 비방한 자의 범죄 기록은 곧바로 밝혀졌다. 하지만 그자가 어디에서 일했는지는 1년이 지나고 나서야 알려졌다. 바로 그는 멕시코 정부의 국가정보안전센터CISEN 요원이었다. 앞서 언급했듯이, 나는 부친상을 겪으며 매우 고통스러운 순간을 경험했지만, 이때의 '희극'만큼 복잡한 경험을 한 적은 없었다. 내 인생 최악의 나날이 이어졌다. 나는 온갖 위협을 받으며 홀로 시간을 보내야 했다.

페냐 니에토가 선거에서 승리한 뒤 이 운동이 사라질 것을 우려한 나는 Yo Soy 132를 전국학생연맹으로 성장시켜 선거 이후에도 연속성을 가진 단체로 만들려고 노력했다. 하지만 당시 나의 정치적 영향력은 완전히 무기력했다. 학생운동은 전국적으로 매우 수평적이고 분권화된 구조였다. 나는 창립자의 일원으로서 아이디어를 제안할 수는 있었지만 강요할 수는 없었다.

언론 스캔들 탓에 Yo Soy 132 운동은 크게 타격을 입었다. 많은 사람이 나를 의심했다. 좌파에서는 내가 페냐 니에토 밑에서 일했고, '침입자'가 바로 나였다고 결론을 내리는 사람들도 있었다. 학생운동의 많은 구성원이 정치적 실용주의를 좇아 떠났다. 또 다른 이들은 거짓말에 휘둘려 떠났다. 나와 가장 가까운 가족들과 친구들 대부분도 그 스캔들 이후로 나에게 가혹한 태도를 취했다. 적어도 그들은 나에게 (내가 들었던 다른 많은 형용사 중에서) "순진했다"며 단호하게 말했다.

좌절감과 무력감이 이루 말할 수 없었다. 처음부터 최선을 다했고, 우리가 함께 해온 그 일을 사랑했기에 나는 계속 참여하고 싶었다. 하지만 전국학생연맹 아이디어를 제안하면서부터 받던 일상적인 위협보다 더 심각한 살해 위협까지 받았다. 어떤 남자들이 멕시코시티 거리에서 나를 쫓아오기도 했다. 결국 나는 이 나라를 떠나기로 결심했다. 가능한 한 남쪽으로, 좌파 진영으로 망명했다.

나는 대통령이 되겠다는 사춘기 때 꿈을 버렸다. 정당과 관료의 길은 나와 맞지 않는 듯했다. 나는 멕시코에서 알고 있던 좌파의 일부 사상과 태도에 대해 매우 구체적인 의구심이 들었다. 나는 친구라고 여기는 저명한 좌파 언론인에게, 왜 많은 사람이 나를 무시하고 정치적으로 악취가 풍기는 놈으로 매도하는지 이해할 수 없다고 토로했다. 그의 대답을 결코 잊지 못할 것이다. 그는 내가 소극笑劇의 희생자라는 사실을 잘 알고 있음에도 이렇게 말했다. "사울, 전쟁에서 군인이 쓰러지더라도 부대는 계속 전진해야 해." 그 말로 모든 것이 선명해졌다.

나는 심각하게 우울했고 편집증에 빠져들었다. 언론의 비난과 소셜미디어의 증오 캠페인 탓에 솔직히 겁도 났다. 며칠 동안 트위터에 #ySiMatamosaSaul(우리가 만약 사울을 죽인다면)이라는 해시태그가 이어졌다. 우리 집 창문을 깨러 오겠다는 협박이 그치지 않았다(언론이 도맡아 내 주소를 알렸다).

무엇보다 수년 동안 나에게 상흔을 남기고 내 안에 엄청난 고통을 안긴 건 가장 가까운 이들에게서 느낀 깊은 배신감이었다. 그때 나는 내가 왜 그런 일을 겪어야 하는지 이해할 수 없었다. 나는 내 이름으로 멕시코 정치에 다시 참여하려면 뭔가 큰일을 해야 한다고 생각하고 남미로 갔다. 이전과는 다른 방식으로 정치에 참여하고 싶었지만 그때는 도무지 방법을 몰랐다. 자아自我에 갇힌 나머지, 오명을 청산하기 전까지는 돌아갈 수 없다고만 믿었다. 그렇게 조금씩 나아졌다. 비록 예전으로 돌아갈 순 없었지만.

남쪽에서 수년을 지낸 뒤에 이런 생각에 이르렀다. '굳이 명예를 회복할 필요는 없다. 수많은 구성원 가운데 나에게만 그런 일이 일어난 것은 그 당시 내가 배울 것이 훨씬 많았기 때문이다.' 이 생각이 얼마나 사실일지는 모르겠지만, 온 힘을 다해 그런 경험을 한 뒤에는 나를 기다리는 특별한 무언가가 있을 것이라고 스스로를 애써 설득했다. 문제는 마녀거리에서 그 예언을 듣기 전까지는 그 '특별한 무언가'가 무엇이며, 어디에 있는지 전혀 몰랐다는 데 있었다.

처음에 나는 두 가지 목적을 가지고 멕시코에서 볼리비아로 떠났다. 하나는 소외된 지역에 고품질 저비용 인터넷을 제공하기 위해 멕시코 국립슈퍼컴퓨팅센터IPICYT와 협력하여 기술 프로젝트를 추진하는 것이었다. 다른 목표는 줄리언 어산지에게서 영감을 받아 내가 설계한 컴퓨터 프로젝트인 최초의 **통합 커뮤니케이션 시스템**을 구축하기 위해 소프트웨어 개발자 팀을 구성하는 것이었다. 불행하게도 나는 두 목표를 모두 달성하지 못했다. 하지만 이 마법의 나라에서 나는 '독수리와 콘도르의 계시'를 마주했다. 이 덕분에 나는 다음에 무엇을 해야 할지 충분히 깨달았다. 나의 사명은 세계의 밀레니얼세대와 Z세대에게 우리가 새롭게 태어나는 '케찰 인류'임을 전하는 것이다. 또 '우리 문명의 임박한 붕괴에 맞서, 상상의 한계에 도전할 새로운 인류를 건설'하는 과제가 우리 손에 달려 있음을 알리는 것이다.

볼리비아를 떠나 나는 아르헨티나와 콜롬비아로 갔다. 목표는 같았다. 고만고만한 진척이 있었고, 더 짧은 기간을 체류했다. 그러다가 컴퓨터 프로젝트로 전국창업대회에서 우승한 뒤 에콰도르에서 2년 동안 거주했다. 그 전에 멕시코에 잠깐 들러, 볼리비아에 가기 전에 전 여자 친구의 집에 맡겨놨던 반려견 '제우스'를 데려왔다. 에콰도르에서 나는 우르쿠키라는 작고 아름다운 마을의 해안가에 살면서 극심하게 외로운 계절을 보냈다. 헤아릴 수 없이 소중한 네 친구를 사귀었음에도 몇 주씩 무기력감에 빠져들었다. 누구와도 대화하지 않는 심각한 고립 상태로 무의식 속에 침잠했다. 만약 제우스가 아니었다면 나는 살아남을 수 없었을 것이다. 이 시기는 의심할 여지 없이 내 내면을 변화시키고 많은 것을 잊는 데 도움이 되었다. 에콰도르에서 나는 케찰의 사명을 삶의 유일한 지평이자 이유로 삼았고, 앞으로 수십 년 동안 우리 세대가 직면하게 될 딜레마의 여러 측면을 연구하고 분석하는 데 몰두했다.

나는 이전에는 한 번도 공부한 적 없는 것들, 특히 기후변화, 핵전쟁, 기술 파괴의 위협에 관해 공부했다. 커뮤니케이션, 경제, 역사, 소프트웨어, 합성생물학, 사회학, 인공지능, 3D 프린팅, 지정학, 블록체인 기술 같은 주제에 집중했다. 요컨대, 우리가 직면한 문명 붕괴의 가능성을 더 잘 이해할 수 있게 해주는 모든 주제 말이다.

이 과정에서 노엄 촘스키와 호세 무히카에 관한 연구와 관심이 더욱 깊어졌다. 그들의 스토아주의(금욕)적이고 아나키즘(무정부주의)적인 사상은 내 마음속에 깊이 뿌리를 내렸고 케찰의 본질을 발현해 주었다. 그들 덕분에 나는 내가 몰랐던 더 넓고 더 빛나는 지적·철학적 길을 발견했다. 비로소 나는 Yo Soy 132 운동을 시작할 때 느낀 안정감을 되찾았다. 누군가가 가진 꿈과 열정이 그가 현재 있는 장소와 현재 하는 일과 일치한다고 느껴질 때 내면에서 느껴지는 안정감 말이다. 설명하기는 어렵지만, 이 모든 것이 우연이 아니라 운명인 듯했다.

촘스키와 무히카의 세계관 덕분에 나는 고대 그리스를 다시 공부했다. 또 내가 모르던 좌파들 특히 카를 마르크스에 관한 한 가장 뛰어난 비평가들, 예를 들면 바쿠닌·프루동·골드만·크로폿킨 등을 알아갔다.[7] 또 좌파 중의 좌파도 알게 되었다. 루돌프 로커처럼 뛰어난 인물인 부에나벤투라 두루티, 리카르도 플로레스 마곤 같은 이들의 흥미로운 이야기에 빠져들었다.[8] 나는 사파티스타 민족해방군EZLN[9]과 체란[10] 같은 마을에서의 혁명을 통해 진정한 자유주의 운동을 연구한 다음 토착 및 탈식민주의 철학을 탐구했다. 마침내 미처 몰랐지만 늘 아나키스트였던 나 자신과 마주했다.

이제 나는 우리 문명이 생태적·경제적·정치적·사회적으로 지속 불가능하다는 점, 그리고 좌파 자유주의자들의 교리만이 그 유일한 탈출구임을 확신했다. 그때 나는 촘스키, 무히카와 만나 이야기를 나누고 그 내용을 다큐멘터리로 만들어야겠다고 결심했다. 두 분의 생각을 오늘날의 젊은 세대에게 친숙하게 전할 수 있는 가장 좋은 방법이기 때문이다. 촘스키와 무히카를 통한 긴 여정이 나를 각성시켰기 때문에, 아마도 많은 청년들 역시 그럴 수 있다고 보았다. 이는 어산지에게 영감을 받은 컴퓨터 프로젝트와 마찬가지로 내 머릿속에 케찰을 일깨우는 것을 의미했다. 나는 다시 내 삶의 의미와 지평과 사명 그리고 이유를 되찾았다. '나는 살아 있으며 계속 나아가고 있다'는 충만한 마음이 들었다. 나는 고립되었지만, 더 이상 외롭지 않았다.

2016년 초부터 나는 촘스키, 무히카와 소통할 방법을 찾았다. 대사관에 수천 번 문을 두드리고 내가 생각할 수 있는 모든 시도를 했지만, 무히카와 대화할 수 있는 이메일이나 의사소통 수단을 찾지 못한 채 여러 달을 보냈다. 촘스키의 경우에는 수월했다. 매사추세츠 공과대학교MIT 디렉토리에서 그의 이메일 주소를 찾았다. 나는 그에게 Yo Soy 132에 관해 알리고 이야기를 나누고 싶다는 이메일을 보냈다. 놀랍게도 나는 다음 날 답장을 받았다. 몇 차례 이메일을 교환한 뒤인 2016년 10월 4일, 나는 촘스키 교수를 만나기 위해 미국 보스턴으로 떠났다.

우리는 그가 수십 년 동안 강의해 온 MIT의 사무실에서 만났다. 고백컨대, 나는 환경 탓에 조금 긴장했다. 하지만 내가 연구하는 '통합 커뮤니케이션' 개념에 관해 용기를 내 설명했다. 분명한 민주적 목적을 가진 연구이자 기술 개발의 한 분야로, 시민들이 집단적으로 정보를 얻고 결정하고 행동할 수 있도록 하는 자율적인 디지털 플랫폼을 개발하는 것이다. 이를 통하여 미디어를 공동 점유함으로써 집단 지성을 창출한다. 촘스키와의 대화는 매우 흥미로웠다. 내 아이디어를 듣기 위해 집중하는 그의 겸손한 태도에 나는 놀랐다. 당시 내 영어 실력은 유창하지 않았고 생각도 많이 부족했지만, 그와의 대화는 매우 편안했다. 많은 말을 나누지 않아도 촘스키가 명민하고 비범할 뿐 아니라 친절하고 따뜻하며 겸손한 사람임을 깨닫기에 충분했다. 촘스키는 분명 위대한 인물이다.

그의 사무실에서 엿본 세 가지 풍경에 나는 깊이 감명받았다. 구석구석에 끝없이 쌓인 책들, 작은 사파티스타 인형(분명 멕시코의 EZLN 조직원이 선물한 것이리라), 영국의 철학자이자 수학자인 버트런드 러셀의 커다란 사진. 사진에는 글귀가 적혀 있었다. "단순하지만 누를 길 없이 강렬한 세 가지 열정이 내 인생을 지배해 왔으니, 사랑에 대한 갈망, 지식에 대한 추구, 인류의 고통에 대한 참기 힘든 연민이 바로 그것이다."

대화가 끝날 무렵, 역시 치와와 출신의 절친한 친구이자 영화계

경력을 막 시작한 밀레니얼세대인 마리아 아유브María Ayub가 카메라를 들고 우리와 함께했다. 나는 촘스키 교수에게 촘스키와 무히카가 내가 만난 사람들 가운데 가장 현명한 분들이라고 말했다. 두 사람이 내 삶에 미친 크나큰 영향을 설명하며, 밀레니얼세대와 Z세대를 겨냥한 다큐멘터리를 만들기 위해 무히카와 만나달라고 제안했다. 촘스키 교수는 기꺼이 받아들였다.

나는 보스턴에서 에콰도르로 돌아왔다(제우스와 컴퓨터 프로젝트가 나를 기다리고 있었다). 그 전에 나는 영화 제작자들을 만나고, 여동생에게 인사하고, 절친한 친구의 결혼식에 참석하기 위해 멕시코에 며칠 머물렀다. 이미 에콰도르에서 몇 주 동안 무히카와 계속해서 연락을 시도한 끝에, 키토에서 그의 아내 루시아 토폴란스키[11]의 친구를 찾아냈다. 내가 보스턴에서 있었던 일을 말하자, 그는 곧바로 휴대전화를 걸었다.

벨이 울리는 전화기를 나에게 건네며 그는 이렇게 말했다. "통화해 보세요. 루시아예요." 어리둥절한 나는 전화기를 받아 들었다. 정말로 루시아 토폴란스키였다. 나는 인사를 건넨 뒤, 촘스키 교수가 받아들인 제안에 관해 이야기하고 싶으니 무히카 선생을 방문할 기회를 달라고 요청했다. 그녀는 나를 지지했다. 우리는 몬테비데오 외곽 시골에 있는 당신들의 집에서 만나기로 했다.

나는 우루과이로 가서 2017년 1월 12일, 무히카와 두 시간 동안 이야기를 나눴다. 내 인생에서 가장 아름다운 대화였다. 하지만 시작은 예상과 달랐다. 나는 화려함과는 거리가 먼 에콰도르 시골에서 생활했기 때문에 낡고 해진 신발을 신고 몬테비데오에 도착했다. 그 차림으로 무히카를 만나고 싶지는 않았다. 만나기 전날 새 신발을 사려고 도시 탐방에 나섰다(나는 분명 내가 만날 사람이 어떤 분인지 여전히 이해하지 못했다). 나는 새하얀 운동화를 사 신고 차크라(라틴아메리카 남부에서 '농장'을 의미)에 도착했다. 나는 청바지와 단순한 검은색 티셔츠 차림이었는데 무히카는 반바지와 낡은 셔츠를 입고 있었다. 단추도 몇 개 없고 때가 탄 차림이 마치 트랙터 엔진이나 뭐 그런 걸 고치다가 막 나온 사람 같았다. 그는 또 흙이 많이 묻은 허라치(샌들)를 신고 있었고, 며칠 동안 면도를 하지 않은 듯했다. 전형적인 농민의 모습으로 매우 인상적이었다.

그가 있는 방에 들어서자 그는 나를 위아래로 바라보며 아이러니하고 낮은 목소리로 말했다. "새 운동화, 브랜드 옷… 어디 보자…." 나는 얼어붙었지만 진정하고 서둘러 다정하게 인사했다. 나는 그에게 내 이야기와 그가 나에게 미친 영향을 전했다. 당시의 정치적 상황도 논의했다. 몇 분이 지나갔다. 나는 그와 촘스키 덕분에 우리 세대가 지속 불가능한 문명의 상속자임을, 앞으로 수십 년 안에 문명의 생존이 위태로워질 것이라는 점을 이해했다고 말했다. 따라서 내가 감히 '사용자 혁명'이라고 부르는 일을 반드시 수행해야 한다고 강조했다. 무히카가 많이 언급한 고대 그리스에서와 마찬가지로, 이는 사용자가 통치할 수 있도록 시스템 관리자를 쓸모없게 만드는 데 초점을 맞춘 정치-커뮤니케이션 프로세스였다. 그는 내 말을 따뜻하게 경청했다. 그의 태도가 조금씩 나를 사로잡았다.

무히카는 사람을 끌어당기는 매우 특별한 매력이 있다. 진실하고 열정적이며 유머 감각도 뛰어나다. 그에게는 내가 한 번도 본 적이 없는 것이 있었다. 가장 복잡하고 심오한 것을 가장 단순하고 아름다운 방식으로 말하는 능력이다. 나는 무히카가 민중의 철학자이자 시인이라고 생각한다. 의심할 바 없이 그는 지금 이곳의 시각에서 벗어나 특별한 깊이를 지니고 말한다. 고문을 당하고 극심한 고통을 겪었던 사람들이 그런 깊이를 가질 수 있으리라 나는 짐작한다. 그들은 자신의 이상에 대한 단호한 확신으로 죽음을 직시한다. 그를 눈앞에서 마주 보면 강한 정신력이 명백히 느껴졌다.

나는 마주 앉아 그에게 '할아버지' 같다고 말했다(그와 함께 있을 때 그런 느낌이 들었다). 그리고 나는 혁명에 대한 내 생각이 얼마나 좋은지는 확신할 수 없지만, 어쨌든 그건 내가 무히카와 촘스키에게서 배운 것을 밀레니얼세대의 '언어'로 '번역'한 것이라고 전했다. 나는 또한 이 모든 것이 내가 가장 절박한 순간에 내 삶에 의미를 주었다고 말했다. 이 의미를 다큐멘터리를 통해 전 세계 모든 청년과 공유하고 싶다고 하자, 무히카도 내 제안을 기꺼이 수락했다.

무히카와 촘스키는 서로 한 번도 만난 적이 없었지만, 이미 서로를 깊이 존경하고 있었다. 그들의 만남은 나에게 설명하기 어려운 감정을 불러일으켰다. 마치 극도로 강력한 두 요소를 하나의 대화

속에 넣어놓고는 무슨 일이 일어날지를 기대하는 불타는 호기심 같았다.

같은 해 7월, 나는 촘스키와 그의 아내 발레리아 와서먼[12](루시아처럼 이 만남을 위해 꼭 필요한 사람)과 함께 우루과이에 있는 무히카·토폴란스키 가족의 집에서 주말을 보냈다. 개인적으로도 역사적으로도 의미 있는 시간이었다. 우리 시대의 가장 영향력 있는 살아 있는 지식인과 세계에서 가장 사랑받는 정치인의 전례 없는 만남이었다. 게다가 내가 가장 존경하는 두 사람을 한자리에 모은 순간이었기 때문이다. 우루과이에서 3일 연속 촬영을 하면서, 그렇게 제작이 시작됐다. 거기서 일어난 모든 일이 정말 믿을 수 없는 경험이었다. 하지만 이 경험은 책이 아니라 영상에 담을 이야기이다.

2018년이면 다큐멘터리를 완성해서 개봉할 수 있을 거라 생각하고 2017년 말에 멕시코로 돌아왔다. 그런데 우루과이 촬영에 제작비를 다 써버렸다. 영상 후반 작업을 마무리할 돈이 남아 있지 않다. 사실 다큐멘터리 작업은 마무리 단계가 아니라 이제 막 시작하는 단계에 놓여 있다는 사실을 뒤늦게 깨달았다. 지원, 파트너, 대출 등 모든 것을 알아봤지만 다큐멘터리를 완성할 방법이 없었다. 그래서 킥스타터Kickstarter.com에서 캠페인을 진행해서 온라인으로 프로젝트 기부금을 모으기로 결정했다. 캠페인 성공으로 우리는 세금을 공제하고도 약 4만 달러를 모금했다. 프로젝트의 완성도를 높이기 위해 외부 지원도 약속받았다. 몇 달 후에야 4만 달러가 우리가 지출한 실제 비용에 비하면 아주 적은 금액이라는 사실을 알게 되었다. 게다가 코로나19와 그에 따른 글로벌 위기로 인해 이런저런 지원 약속이 거품처럼 사라질 상황이었다.

2020년과 2021년에도 계속 문을 두드렸지만 별다른 성과가 없었다. 멕시코와 해외 영화계의 많은 사람과 이야기를 나눴다. 인터넷에서 찾은 수많은 다큐멘터리 제작사에도 이메일을 보냈지만, 다큐멘터리 자금을 어떻게 조달할지 명확히 설명할 수 없었다. (어산지에게 영감을 받아 내가 결코 포기할 수 없었던 프로젝트인 통합 커뮤니케이션 시스템도 마찬가지였다.) 이 과정에서 중요한 인물이 프로젝트에 합류했다. 앞서 언급했듯, 핑크 플로이드는 십 대 때부터 나와 함께했다. 나는 내가 가장 좋아하는 아티스트인 로저 워터스의 공식 웹사이트에서 이메일을 찾아 그의 음악을 다큐멘터리에 사용하고 싶다고 연락했다. 놀랍게도 로저 워터스는 다음 날 응답했다. 그의 비서가 내 메시지를 그에게 즉시 전했다고 했다. 로저는 자신의 휴대전화 번호를 나에게 알려주었다. 우리는 몇 차례 화상 통화를 했다. 나는 그에게 2017년에 촬영한 영상 일부를 보여줬다. 우리는 계속 연락하면서 프로젝트가 진행되기를 기다렸다.

우연이 아니었다. 로저 워터스 역시 비범한 사람이었다. 그의 합류는, 탈출구를 찾을 수 없음에도 계속 앞으로 나아갈 때 삶이 주는 선물 같았다. 그는 매우 친절하고 지적이다. 그의 지성, 명확성, 정치적 식견은 놀라울 정도다. 그의 숭고한 음악과 독특한 예술 개념,

강력한 메시지와 극도로 파격적인 기질 때문에 나는 그를 이미 존경하고 있었지만, 그를 조금 더 알게 되면서 훨씬 더 경애하게 되었다. 나는 아나키즘 사상(많은 사람이 착각하듯 혼돈과 무질서를 의미하는 것이 아니라 오히려 그 반대)으로 하나 될 수 있는, 서로 다른 곳에서 활약하고 있는 로저 워터스, 노엄 촘스키, 호세 무히카가 우리 시대의 진정한 거인이라고 믿는다. 내 생각에 동의하지 않는 사람들도 있겠지만, 내가 세상을 보는 방식으로는 그들이 오늘날 가장 뛰어난 음악가이자, 지식인이자, 정치인이다. 그리고 세계 최고의 언론인 줄리언 어산지가 부당하게 수감되지 않았다면(흥미롭게도 Yo Soy 132 스캔들이 시작된 날인 2012년 6월 19일 수감), 나는 이 세상의 자본주의적 종말에 저항하는 기수 네 명을 만나게 하려고 무슨 일이든 했을 것이다. 나는 아직도 그 꿈을 잃지 않았다.

나는 2022년 초에 미국의 주요 제작사와 협상을 마무리하려 했으나 결국 다큐멘터리 지원을 거부당했다. 간절한 마음에 다시 로저 워터스에게 연락했다. 이번에는 그를 내레이터로 초대했다. 나는 프로젝트를 완전히 재설계하고 새 대본을 작성하고 촘스키와 무히카를 다시 인터뷰하기로 했다. 그 5년 동안 '파노라마'가 얼마나 많이 변했는지 생각해 보라. 코로나19와 우크라이나 침공 이후의 세계는 더 이상 예전과 같지 않았다. 로저는 내레이터로 참여하게 되어 영광이라며 수락했다. 비록 그는 인터뷰 대상자와 이야기를 나눈 적이 없지만 두 사람을 크게 존경했기 때문이다. 그는 촘스키와 무히카가 자신에게도 영웅이라고 했다. 새로운 열정으로 무장한 나는 2022년과 2023년에 야니스 바루파키스Yanis Varoufakis, 라파엘 코레아Rafael Correa, 제레미 코빈Jeremy Corbyn, 챌시 매닝Chelsea Manning, 해리 할핀Harry Halpin, 존John과 개브리엘 십턴Gabriel Shipton(어산지의 아버지와 동생) 등과 새 인터뷰를 진행했다. 워터스, 촘스키, 무히카와 내가 참여하는 놀라운 화상 회의도 열었다. 이 거인들에 더 가까워질 수 있는 기회를, 그리고 그들이 하는 말들을 '번역'할 수 있는 기회를 얻은 것보다 인생에서 더 감사할 일은 많지 않으리라(촘스키와 워터스는 영어를, 무히카는 스페인어를 사용한다).

현재 제우스와 나는 촘스키와 무히카 다큐멘터리 제작에 몰두하면서, 어산지에게서 영감을 받은 통합 커뮤니케이션 시스템(실리콘 밸리 모델과 정반대) 개발에도 집중하고 있다. 나의 이런 개인적인 이야기는 다큐멘터리에 담지 않았고, 나 역시 영상에 등장하지 않는다는 점을 강조하고 싶다. 다큐멘터리가 너무 길거나 지루하지 않았으면 좋겠다. 이 작품의 서문을 만들고 그 기원을 알리는 것을 넘어, 책의 서두에서 이 모든 것을 이야기하고 싶었다. 왜냐하면 표지에서 알 수 있듯이 노엄 촘스키와 호세 무히카가 만나는 과정은 그야말로 하나의 여정이었고, 이 만남은 특히 밀레니얼세대·Z세대와 함께 공유될 때 의미 있기 때문이다.

그래서 나는 이 책에 정치적 고찰을 넘어, 우리 젊은 세대가 직면한 문명의 위기를 극복하기 위해 꼭 필요한 철학적 관점들도 포함하고 싶었다. 내가 지난 몇 년 동안 촘스키·무히카와 함께 논의한 철학적 관점 가운데(특히 3장에서 다룰) 나를 여기에 이르게 했고 밀레니얼세대와 Z세대 대부분을 괴롭히는 실존적 문제를 얘기할 필요가 있다. 삶의 의미, 즉 살아갈 목적을 상실했을 때 겪는 공허함 말이다. 나이를 먹을수록 삶의 의미를 찾는 일은 점점 더 복잡해진다. 나는 이 딜레마의 근원이 우리 시대의 가장 깊은 모순에서 발견된다고 생각한다. 즉, 자본주의적 성공은 인간의 행복과 양립할 수 없다. 무히카가 "행복한 사람은 셔츠가 없었다"라고 자주 언급하는 것은 의미심장하다.

이러한 우리 문명의 구조적 모순은 기후변화나 핵전쟁 못지않게 내가 우려하는 문제다. 내가 아는 젊은이들은 대부분 어느 정도 우울증을 안고 살고 있다. 이는 삶이 무의미하다는 해결할 수 없는 모순 혹은 실존적 딜레마 탓에 반복적인 불안 발작으로 고통받기 때문이다. 하지만 삶의 의미는 사람이 부여하는 것이다. 이것이 내가 Yo Soy 132와 함께 시작된 나의 개인적인 여정을 먼저 이야기한 이유다.

앞서 한 말들이 진부해 보일 수도 있다. 많은 사람이 이미 이런 개념을 들었거나 읽었을 수 있다. 물론 나도 그랬다. 그러나 성인이 되어 오랜 고통과 실패를 겪은 뒤에야 이해할 수 있었다. 이미 말했듯, 나는 많은 것을 내려놓았고 지금도 여전히 그렇게 하고 있다. 자신의 말에 충분히 귀를 기울일 때 우리가 찾고 필요로 하는 삶의 의미를 발견할 수 있음을 배웠다. 궁지에 몰렸을 때 유일한 탈출구는 내면에 있음을 반드시 알아야 한다. 사람이 길을 잃었을 때는, 비록 자신이 속한 사회 집단의 요구와 모순될지라도 자신의 말에 귀를 기울이고 자기 자신을 신뢰해야 한다. 나는 우리가 내면의 자아에 충분히 귀를 기울일 때 비로소 우리의 열정이 우리에게 말을 걸 것이라고 믿는다. 이는 사랑에 빠질 수 있는 인생의 길을 알려주는 나침반과 같다. 모든 길은 복잡할뿐더러 언젠가는 우리를 무릎 꿇게 만들 것이기에 이를 명심해야 한다. 사랑에 빠진 길에서만 우리는 여정을 포기하지 않을 수 있다. 필요할 때 다시 일어날 수 있는 힘을 얻을 수 있다. 그러므로 우리는 자기 자신을 알아야 하며 자신과 조화를 이루어야 한다. 모순과 산만함으로 가득 찬 세상에서는 더욱 그렇다. 청년들은 이 점을 염두에 두어야 한다. 우리가 누구인지, 우리가 얼마나 가치 있는지를 말해주는 건 외부 세계가 아니다.

중요한 점이 또 있다. 선택한 길이나 목적이 더 나은 세상을 만드는 데 도움이 되지 않고 오로지 개인의 쾌락과 이익에만 복무한다면, 우리는 목표를 달성하더라도 공허해질 것이고 좌절감은 더 클 것이다. 우리에게는 각자 개인보다 더 큰 목표가 필요하다. 큰 목표는 삶이 우리를 무릎 꿇게 할 때에도 확고하게 남아 스스로 포기하지 않도록 한다. 우리는 분명 각자의 길에서 넘어지게 마련이며, 실패야말로 가장 큰 스승이다. 자신보다 목표가 크다면 우리는 넘어져도 다시 일어설 수 있다. 서로 기댈 수도 있다. 자기 자신보다 더 큰 삶의 목표를 갖는 것이 그래서 중요하다. 나는 목표가 있는 삶이야말로 21세기 최대의 전염병인 우울증에 대한 유일한 백신이라고 믿는다.

전 세계 밀레니얼세대와 Z세대 대다수에게 영향을 미치는 이 실존적 문제는 우연이 아니다. 이 문제에 수반되는 기록적인 자살률이 줄어들 것으로도 보이지 않는다. 많은 청년이 화장실에 갈 때에도 휴대전화를 들여다본다. 이는 불안하고 내면의 소리에 귀를 기울일 시간을 갖지 못하는 개인들의 사회를 형성할 뿐이다. 우리를 둘러싼 시스템은 외부의 목소리를 내면에 수용하도록 만든다. 안에서부터 밖으로 뻗어 나가지 못하게 한다. 이는 외부에서 부과되는 모순된 사회적 개념과 역할에 충실한 '군대'를 생성하여 개인의 본질을 희석시키고 행복할 권리를 방해한다.

자신만의 길에 진정 나서려고 한다면, 자신을 믿지 않고 내면의 소리에 귀를 기울이지 않는 자들을 포함한 방해 세력이 수없이 등장할 것임을 인식해야 한다. 그 방해 세력이 간혹 동료나 가족, 친구 혹은 연인일 수도 있다. 그럴 때는 자신의 삶에서 그들을 떠나보내야 한다. 그런 사람들은 우리더러 순진하다며 땅에 발을 디디라고 충고할 것이다. 어떤 자들은 당신의 실패를 기뻐할 것이다. 그러나 가장 아름다운 꿈은 언제나 내면에서 탄생한다. 실패하더라도 머리를 꼿꼿이 들고 나아갈 때 그 꿈이 실현된다.

혼동해서는 안 된다. 자유롭게 꿈꾸는 것은 더 복잡한 것을 열망하는 것이 아니다. 큰 꿈을 꾸는 것은 단지 마음이 가리키는 길을 향한 분투이다. 모든 사람의 마음은 다를뿐더러 저마다 갈 길 역시 고유하고 특별하다. 나는 내가 많은 특권을 누리는 입장에서 이런 말을 한다는 사실을 안다. 많은 사람이 엄청난 장벽 앞에 직면해 있음도 안다. 하지만 가장 큰 장애물은 우리 각자의 머릿속에 있다. 그 장애물은 피부색이나 성적 취향, 사회경제적 지위를 따지지 않는다. 우리는 다만 내면의 소리와 부여된 동기에 주의를 기울여야 한다. 그렇게 함으로써 그 길은 조금씩 구체화되고 삶의 프로젝트가 되어, 분명한 과제를 보여줄 것이다. 그리고 과제가 분명해지면 과감한 결단과 끈기로 이를 추진해야 한다.

마음을 따라가는 여정은 빛과 그림자를 모두 겪는 모험이다. 내게 있어서는 그것만이 유일하게 의미 있는 길이다. 나는 늘상 예술적 본능에 따르는 열정적인 몽상가로 살아왔다. 동시에 정치적 소명 의식도 품고 있다. 내 마음속 열정을 세상과 조화시키는 일은 늘 복잡한 도전이었고 앞으로도 그럴 것이다. 사회가 부여하는 할당량에 맞춰 각자 존재를 축소하는 것은 어느 누구에게도 가치 있는 삶의 과제가 아니다. 은행 신용 한도에 얽매인 생산과 소비의 주체로만 존재하는 방식은 모든 사람의 영혼을 죽이는 짓이다. 우리는 우리가 사랑하는 일을 해야 한다. 더 높은 가치에 헌신할 때에야 비로소 삶을 특별하게 살 수 있다.

나는 아직 배울 것이 많다. 하지만, 마음에 귀를 기울이라는 말은

'실패 전문가'로 살아온 내 경험에서 나온 것이다. 나는 전국 육상 대회와 농구 대회에서 한 번도 1등을 한 적이 없다. 페냐 니에토는 Yo Soy 132에도 불구하고 대통령이 되었다. 멕시코 언론은 오늘도 여전히 거짓말을 한다. 나는 남미의 소외된 지역에 인터넷 서비스를 구축하려 했지만 그러지 못했다. 나는 어산지에게서 영감을 받은 소프트웨어 시스템을 만들기 위해 10년 동안 전 재산을 쏟아부었지만 아직 완성하지 못했다. 다큐멘터리를 제작하려고 7년 넘게 싸웠는데, 이 역시 마무리하지 못했다. 그 밖에도 많다. 겉보기엔 성공한 것이 없고, 이룬 꿈도 없다. 하지만 나는 나 자신을 잃지 않기 위해 그 꿈들을 결코 놓지 않는다. 혼란한 상황에서 앞이 안 보일 때, 나는 내면으로 돌아온다. 나 자신과 대화하고 다시 나를 발견한다.

나는 단지 한 명의 활동가일 뿐이다. 촘스키나 무히카의 지식, 업적, 경험에 나를 견줄 수는 없다. 하지만 부모님을 일찍 여의었기 때문에, 나는 '삶이 유한한 만큼 소중한 기회'라는 사실을 깨달았다. 그리고 Yo Soy 132 운동을 통해 온 마음을 다해 더 큰 가치에 헌신할 때 특별한 경험을 할 수 있음도 배웠다. 그래서 나는 마음이 이끄는 비범한 삶을 향한 열망을 포기할 수 없다. 이와 같은 삶을 사는 것이 모든 인간의 권리이자 자연스러운 소명이라고 믿는다. 이는 또한 케찰의 길이다.

노엄 촘스키

1928년 12월 7일 미국 필라델피아에서 태어난 에이브럼 노엄 촘스키Avram Noam Chomsky는 현대사에서 가장 많이 인용되고 영향력 있는 학자 가운데 한 명이다. 그는 20세기와 21세기의 가장 상징적인 활동가이자 정치적 반체제 인사이기도 하다. 박사 학위를 취득한 후 1955년부터 매사추세츠 공과대학MIT에서 학생들을 가르쳤으며, 지금은 명예 교수로 있다. 2017년부터는 애리조나 대학교에서 언어학 명예 교수로도 재직하고 있다.

 학문적으로 촘스키는 현대 언어학의 아버지로 알려졌다. '생성문법이론'은 그의 기념비적 공헌이다. '촘스키 위계'와 '보편 문법 이론'을 개발했으며, 이 덕분에 그는 주요 연구 주제에 있어서 급진적인 변화를 주도한 학자로 자리매김했다. 또한 촘스키는 인문학 분야 인지혁명의 창시자 가운데 한 사람이자 마음과 언어 연구를 위한 새로운 과학적 틀을 개발한 선구자이며, 분석철학의 중요한 인물이기도 하다. 그의 연구는 철학, 심리학, 컴퓨터과학, 수학, 교육학, 인류학, 역사, 정치학 등 다른 연구 분야에 깊이 영향을 미쳤다.

 그는 현재까지 150권이 넘는 책을 썼다. 컬럼비아 대학교, 하버드 대학교, 케임브리지 대학교, 멕시코 국립자치대학교, 매사추세츠 대학교, 델리 대학교, 런던 대학교, 조지타운 대학교, 시카고 대학교, 웨스턴 온타리오 대학교, 스와스모어 대학교, 시카고 로욜라 대학교, 바드 칼리지, 부에노스아이레스 대학교, 캘커타 대학교, 애머스트 칼리지, 토론토 대학교, 콜롬비아 국립대학교, 맥길 대학교, 타라고나의 로비라 이 비르길리 대학교, 코네티컷 대학교, 펜실베이니아 대학교, 피사의 노르말레 고등학교 등 여러 기관으로부터 수많은 명예 학위를 받으며 탁월한 지적 역량을 보여주었다. 미국은 물론 해외의 다양한 전문 학술 단체(미국예술과학아카데미와 미국국립과학아카데미 등)의 회원이다. 미국심리학협회로부터 우수학문공헌상, 교토상 기초과학 부문, 헬름홀츠 메달, 도로시 엘드리지 평화상, 컴퓨터 및 인지과학 부문의 벤 프랭클린 메달 등을 수상했다.

이념적으로 촘스키는 자신의 정치적 성향을 아나키스트, 더 구체적으로는 아나르코생디칼리스트[13]로 묘사한다. 정통 마르크스주의와 레닌주의에 비판적이며 자유사회주의를 지향한다. 젊은 시절부터 시작된 오랜 사회운동으로 여러 차례 체포되면서, 화려한 학문적 경력마저 위험에 처하기도 했다. 그는 장기 징역형을 선고받을 뻔도 했지만 마지막 순간에 재판이 취소되기도 했다. 베트남 전쟁에 강력하게 반대한 최초의 지식인 가운데 한 명인 그는 리처드 닉슨 대통령의 블랙리스트에 포함되었으며, 팔레스타인 국민의 권리를 지속적으로 지지한 까닭에 이스라엘 정부로부터 직접적인 적대

행위를 당하기도 했다.

촘스키는 미국의 외교 정책, 전 세계로 확산하는 군사적 개입, 현대 국가자본주의, 대중매체를 앞장서서 비판한 선구자이기도 하다. 그는 그들이 자본주의와 정치권력의 이익을 위해 "여론을 조작한다"고 주장한다. 촘스키와 그의 사상은 반자본주의와 반제국주의 운동에 전 세계적으로 영향을 미쳤다. 그의 놀라운 이력은 지식인의 책무를 고양시킨다. 그는 MIT에서 교수직을 은퇴한 후에도 정치 활동을 계속해, 늘 가차없이 정직하고 명확하며 위협에 굴복하지 않는 모습으로 두각을 나타냈다. 2003년 이라크 침공 반대와 월스트리트 점거 운동 지지 등 전 세계의 자유와 사회정의를 위한 다른 많은 활동에 참여하였다.

《뉴욕타임스*New York Times*》는 이렇게 언급한 적이 있다. "권력, 영향력, 참신함 측면에서 볼 때 노엄 촘스키는 아마도 오늘날 살아 있는 가장 중요한 지식인일 것이다." 그리고 이 평가는 여전히 유효하다. 아니, 촘스키는 그 이상이다. 그는 단지 혁명적 지식인일 뿐 아니라 지적 혁명가이기도 하다. 왜냐하면 자신이 탐구한 학문 분야에 혁명을 일으켰던 것과 마찬가지로, 그는 20세기 후반과 21세기 정치투쟁 속에서 남겨진 세계 좌파 진영의 상징적이고 치열한 지적 지도자로 활동했다. 그는 불의를 폭로하고 기존 질서에 도전한 확고한 헌신으로, 수십 년 동안 세계에서 가장 영향력 있는 인물 가운데 한 명으로 자리매김했다. 권력에 의문을 제기하고, 더 정의롭고 더 평등한 세상을 추구하는 모든 사람에게 노엄 촘스키는 여전히 영감을 준다.

노엄 촘스키의 자기소개

저는 MIT 명예 교수이자 현재 애리조나 대학교 교수인 노엄 촘스키입니다. 저는 초등학교 4학년 때 첫 글을 썼습니다. 그날을 잊을 수 없습니다. 왜냐하면 바르셀로나가 프랑코 군대에 함락될 무렵이었기 때문이죠. 아마도 잘 쓴 글은 아니었을 겁니다. 이제는 못 찾기를 바랄 뿐이에요. [웃음] 어쨌든 그 글에서 나는 유럽(오스트리아, 체코슬로바키아, 톨레도, 바르셀로나)에 퍼지는 파시즘을 다뤘습니다. 스페인에서는 자유를 향한 희망이 사라진 것 같았고, 1939년 당시에는 이 거대한 공포가 거침없이 확대되는 것처럼 보였거든요. 그때부터 나는 한 번도 멈추지 않았습니다.

　나는 책을 좋아했어요. 청소년기에는 많은 시간을 독서로 보냈고 다양한 유형의 좌파 활동에도 참여했죠. 그중 대부분은 당시 시온주의 운동과 관련이 있었지만, 나는 유대 국가 창설에 반대하는 편이었죠. 유대 국가 건설은 실수였습니다. 일단 국가가 건설되자 그 국가는 다른 국가와 다를 바 없었어요. 좌파에서는 유대인 노동계급의 협력과 팔레스타인 공동체 증진에 찬성했죠. 지금은 믿기 어렵지만 그것이 당시에는 시온주의 운동의 일부였습니다. 나는 그런 활동과 정치 활동에 참여했습니다. 공부와 친구들과의 활동 등을 제외하면 그것이 나의 주요 생활이었어요. 그 당시에는 지역 대학이 아닌 다른 대학에 가는 경우가 매우 이례적이었습니다. 많은 이들이 집 근처에서 살고 일하고 근처 대학을 다녔어요. 나도 열여섯 살 때 그랬습니다. 나는 우리 대학을 별로 좋아하지 않았어요. 대학원에 가지 않았다면 학교를 관뒀을지도 모르겠습니다. 거기서부터 나는 조금 색다른 경력을 쌓아갔어요. 그러는 동안에도 항상 어떤 유형의 정치적 활동에 참여했죠.

내 정치 성향의 근원은 가족, 말하자면 직계 가족이 아니라 친척에 있습니다. 나는 강한 유대인 환경에서 자랐어요. 세속적 유대인입니다. 대부분은 1세대 유대인 이민자들이었고, 실직을 한 노동자가 많았죠. 일부는 공산당 출신에 다른 일부는 좌익 반공주의자였어요. 즉 좌파 공산주의를 비판했다는 뜻입니다. 나는 뉴욕에서 대략 100마일 떨어진 필라델피아에 살았습니다. 열두 살쯤이었을까요, 내가 스스로 일할 수 있을 만큼 나이가 들었을 때 부모님은 내가 혼자 뉴욕에 가서 친척들과 함께 지내는 것을 허락하셨죠. 나는 아나키스트 서점에서 시간을 많이 보냈어요. 스페인에서 온 좌파 유럽 이민자로 북적대는 작은 서점이었죠. 거기서 스페인 내전에 관한 많은 자료와 아나키즘 문헌에서 자료를 수집했습니다. 나는 또한 몇몇 어른들, 특히 온갖 급진적인 활동에 참여한 삼촌의 영향을 많이 받았습니다.

무히키가 본 촘스키

나는 수년에 걸쳐 여러 곳에서 촘스키 교수에 관한 내용을 접했습니다. 그는 항상 나에게 매우 흥미로운 사람이에요. 베트남 전쟁 당시를 떠올려 보면, 촘스키 교수는 결국 그 전쟁에서 '승리'한 소수의 지식인이었죠. 왜냐하면 미국은 전쟁에 수반되는 비용 탓에 내부적으로 패배했기 때문이지요. 사실 나는 평생 동안 자유주의자였습니다(미국의 아나르코자본주의[14]적 의미가 아니라 고전적 의미에서). 이 점에서 나와 그의 사고방식이 딱 들어맞는다고 생각해요.

(⋯)

이분을 우루과이에서 만나게 되어 영광이었습니다. 지금 이 순간 그는 '가장 멋진 괴짜'입니다. 이 세상은 너무나 '제정신'인 사람들로 가득 차 있으니까요. [웃음] 그가 우리에게 준 가장 위대한 선물은 가장 어려운 수준의 자유, 즉 사상의 자유를 지키려는 그의 투쟁입니다. 이는 우리 시대에 유지하기 가장 어려운 것이죠.

(⋯)

친애하는 노엄 촘스키.

당신을 만나게 해준 삶에 감사드립니다.* 당신이 오랫동안 씨를 뿌려온 덕분에 우리는 가장 어렵고 위태로운 자유인 사상의 자유를

---

* 2017년 7월 18일 우루과이 몬테비데오 자치단체 블루룸에서 노엄 촘스키가 발표한 '생존 전망 Survival Perspectives' 콘퍼런스 연설문.

지켜가는 데 도움을 받았습니다. 젊은이들과 우루과이 지식인들이 당신을 만난 행운에, 또 당신에게 당신이 뿌린 씨앗들에 대한 우리의 애정을 보여줄 수 있는 행운에 감사드립니다. 헌신적인 지식인 없이는 미래가 없습니다.

그리고 저는 그 헌신이 거리와 사람들의 고난 속에 살아 있음을 알고 있습니다. 자유를 위한 투쟁은 결코 끝나지 않습니다. 모든 길에는 고통과 이기심이 도사리는 까닭입니다. 그러나 매일 새로운 새벽마다 우리가 문명이라고 부르는 끝없는 계단에서 협력과 연대가 다시 태어납니다.

친애하는 촘스키, 가난하지만 풍요로운 라틴아메리카는 하나의 국가를 건설하지 못한 채 분열된 상태로 남아 있습니다. 유색 인종·메스티소·원주민·아프리카와 지중해 혈통이 살아가는 이 땅은 억압과 노예제, 피난의 역사가 복합된 곳입니다. 그럼에도 불구하고 늦게 태어난 이 대륙은 모든 인류를 위한 희망을 구축하기 위해 노력하고 애쓰고 있습니다. 우루과이 사람들은 작은 규모에 비해 매우 위대합니다. 우리는 발전을 위해 싸우지만 그 대가로 행복을 버리고 싶지는 않습니다. 우리의 가장 큰 재산은 이 아름답고 작은 땅에서 살아간다는 기적입니다. 우리는 광신狂信하지 않고 관용으로 삶을 존중할 것을 맹세합니다.

사랑하는 친구여, 함께 있음에 감사드립니다.

호세 무히카

'페페Pepe'로 더 잘 알려진 호세 알베르토 무히카 코르다노José Alberto Mujica Cordano는 1935년 5월 20일 우루과이 몬테비데오 인근 파소 데 라 아레나에서 태어났다. 그는 꽃 재배자이자 전직 게릴라이며 좌파 정치인이다. 그는 2010년부터 2015년까지 우루과이 대통령을 역임했다. 정직한 사상, 독특한 철학, 검소한 생활로 국제적인 유명 인사가 되었다. 그래서 그는 '세계에서 가장 가난한 대통령', '남쪽의 현자'와 같은 별명을 얻었다. 장대한 삶의 이력과 통찰력, 솔직함, 깊이와 아름다움으로 가득 찬 연설들 덕분에 오늘날 호세 무히카보다 세상에서 더 사랑받는 정치인을 떠올리기는 어렵다.

그는 바스크인과 이탈리아인의 혈통으로 소박한 집안에서 태어났다. 여섯 살 때 아버지를 여의었고, 어릴 때부터 가족의 생계를 위해 꽃을 재배하고 파는 일에 전념했다. 그는 자신이 태어난 동네의 공립학교에서 초·중등 과정을 마쳤다. 이후 법학 준비 과정을 밟았지만 졸업은 하지 못했다.

1956년, 국민당에서 정치 활동을 시작해 당의 사무총장이 되었다. 1962년에는 국민당을 떠나 인민연합 창립에 나섰다. 그러나 이후 10년 동안 폭력과 권위주의로 얼룩진 암울한 정치적 상황에 직면했다. 그는 민족해방운동National Liberation Movement으로 알려진 도시 게릴라인 투파마로스[15]에 합류하여 지하활동을 시작했다.

게릴라 활동 중 여섯 발의 총탄을 맞았고 결국 몬테비데오의 푼타 카레타스 교도소에 투옥되었다. 탈옥을 시도했으나 다시 체포되었다. 두 번째 탈옥을 감행했는데, 이는 역사상 최대 규모의 탈옥 사건 중 하나로 기록되었다. 총 네 번 체포되어 육체적 정신적으로 잔혹하게 고문당하며 거의 15년을 감옥에서 보냈다. 마지막 구금 기간은 1972년부터 1985년까지였다. 당시 그는 고립된 생활과 가혹한 생존 조건으로 광기와 죽음의 위기에 빠지기도 했다.

1985년 독재가 끝나자 무히카는 석방되었다. 그는 투파마로스 민족해방운동과 좌파 정당의 구성원들과 함께 프렌테 암플리오Frente Amplio라는 정치 연합 내에서 국민참여운동MPP을 창설했다. 1994년 선거에서 무히카는 몬테비데오의 의원으로 선출되었고, 1999년 선거에서는 상원의원으로 선출되었다. 2004년 선거에서 그의 운동은 집권당 내에서 주도적인 세력으로 자리 잡았다. 2005년 3월 축산, 농수산부 장관으로 임명되었다. 2009년 11월 29일, 그는 52퍼센트 이상의 득표율로 우루과이동방공화국의 대통령으로 선출되었고, 2010년 3월 1일 국회에서 취임 선서를 했다. 그의 아내 루시아 토폴란스키가 선서를 주관했는데, 그녀는 가장 많은 표를 얻은 정당의 가장 많은 표를 얻은 상원의원이었기 때문이다. 그녀 또한 저명한 게릴라였고 오랜 세월 감옥에 갇혀 잔혹한 고문을 당했다.

2013년에 《이코노미스트 *The Economist*》는 우루과이를 '올해의 국가'로 선정했다. 이 신문은 당시 무히카가 시행한 가장 급진적인 두 개혁, 즉 마리화나 생산·판매·소비의 법제화와 동성 결혼 합법화를 높이 평가했다. 대통령 임기가 끝난 후 무히카는 2015~2020년, 2020~2025년 상원의원으로 재선되었다. 그러나 코로나19와 고령을 이유로 2020년 10월 20일 상원의원직을 사임했다.

무히카와 루시아는 꽃을 재배하며 린콘 델 세로 지역의 농장에서 수십 년 동안 매우 소박하게 살고 있다. 그들은 대통령 재임 중에도 그 집을 떠나지 않았다. 당시 무히카는 급여의 90퍼센트를 기부했으며 공식 행사에 갈 때도 항상 이코노미 클래스를 이용했다. 그의 재산은 몬테비데오 시골 외곽에 있는 농장과 1800달러 상당의 1987년형 폭스바겐 차량뿐이다. 대통령 재임 기간 동안 중요한 행사에는 특유의 비공식적인 복장을 벗고 맞춤 양복을 입었지만 넥타이는 매지 않았다. 전 세계 우파 정치인들도 존경하는 좌파의 상징적 인물인 호세 무히카는 정치에 다른 실천 방식이 있음을 보여준 독특한 인물이다.

호세 무히카의 자기소개

나는 매우 운이 좋은 사람입니다. 죽음이 여러 번 내 주위를 맴돌았지만 나를 데려가지 않고 내게 시간을 주었죠. 지금 나는 82세예요.

젊었을 때는 모든 젊은이가 그러하듯 나에게도 결점이 있었어요. [웃음] 사랑에 몇 번 빠졌고, 세상을 바꾸고 싶었고, 여러 문제에 휘말렸고, 감옥에도 갔고, 총에도 맞았고, 두 번 탈옥했습니다. 어쨌든 계속 살아남았죠. 독재 정권이 무너지면서는 변화하기로 마음먹었습니다. 우루과이 국민이 원했기 때문이에요. 우리는 합법적인 정치 활동을 택했죠. 자유민주주의의 규칙을 받아들이면서 앞으로 나아가기 시작했어요. 저는 하원의원, 상원의원, 장관을 거쳐 대통령이 되었고, 이제는 작별 인사를 하려 합니다.

내 이름은 호세 무히카입니다. 모든 호세들처럼 저도 '페페Pepe'라는 별명이 있어요. 우리 가족은 바스크 지방의 작은 시골 출신이고 어머니 쪽은 이탈리아 리구리아 출신이에요. 농민들이죠. 저는 도시 같기도 하고 시골 같기도 한 지역에서 농사짓고 가축을 기르는 농장에서 태어났어요. 저는 땅을 사랑하는 농부입니다. 말하자면 '다리 달린 흙덩어리'라고 할 수 있죠. 자연을 아주 좋아합니다. 절제를 철학으로 삼고 살고 있어요. 아마도 '신스토아주의자' 같은 사람일 겁니다.

촘스키가 본 무히카

시울 알비드레스(이하 '시울)_ 무히카 선생님을 만나기 전에 그에 대해 무엇을 아셨나요?

노엄 촘스키(이하 '촘스키')_ 나는 무히카 선생에 관해 많이 읽었습니다. 그의 뛰어난 경력과 업적을 알고 있어요. 그가 대통령이 됐을 때 취했던 훌륭한 생활 방식과 그가 대통령과 상원의원으로서 행한 일들에 관해서도 알고 있죠.

시울_ 무히카 선생의 가장 존경할 만한 점이나 대표할 만한 점이 무엇이라고 생각하시나요?

촘스키_ 가장 눈에 띄는 점은, 모든 곳에 만연하지만 특히 라틴아메리카에서 그가 부패에 물들지 않았다는 것입니다. 그는 국민의 이익을 위해 일하겠다며 소박하고 정직하게 살았어요. 정치 지도자로서는 매우 드문 일이지요. 이런 사례를 찾기가 매우 어렵습니다.

시울_ 게릴라로서의 길을 가는 사람을 어떻게 생각하시나요? 예를 들어 투파마로스 같은 그런 투쟁에 참여하는 사람들에 대해 어떻게 생각하시나요?

촘스키_ 당시 그러한 계획을 시작한 이유는 이해할 수 있습니다. 나쁘게 표현할 수도 있지만, 지금 할 수 있는 가장 친절한 말은 판단의 오류라고 생각해요. 나는 무장투쟁이 사회에 의미 있고 초월적인 변화를 이루는 길이 아니라고 생각하니까요. 무히카 선생은 많은 고통을 겪었고 감옥에 있을 때는 끔찍한 대우를 받았어요. 문명 세계 어느 곳에서도 그런 일이 용납되어서는 안 됩니다. 그가 그러한 고통을 견뎌내고 이렇게 명예롭고 존경받는 분이 됐다는 건 믿을 수 없는 일이기도 합니다.

(…)

나는 무히카 선생이 오늘날 세계에서 가장 매력적이고 중요한 정치인이라고 생각합니다.

2
우리는 어쩌다
여기까지 왔나

생존 전망*

촘스키_ 좋든 싫든 우리는 인류 역사상 가장 특별한 시대에 살고 있습니다. 조금 이따 다시 언급하겠지만, 최근 몇 년 동안 인류는 자멸을 초래할 두 가지 위험과 그 밖에도 호시탐탐 기회를 노리는 여러 위협을 스스로 만들어왔죠. 이러한 '성과'와는 별개로, 글로벌 사회의 지배 세력은 자멸에 대항할 최선의 방어선을 체계적으로 약화시키는 정책을 펴왔어요. 간단히 말해서, **인간의 지능은 '완벽한 폭풍'을 만들어냈어요. 이게 지속된다면 인류가 오래 살아남을 가능성은**

---

* 2017년 7월 18일 우루과이 몬테비데오 청사 블루홀에서 열린 생존전망 콘퍼런스에서 노엄 촘스키가 발표한 글. 참고로 이 콘퍼런스는 도널드 트럼프 행정부 시절에 열렸다.

희박합니다.

인류는 선도적인 생물학자인 에른스트 마이어Ernst Mayr가 천명한 암울한 논제를 증명하려는 것만 같습니다. 마이어는 지구 밖 우주에서 지적 생명체를 찾을 수 있을지 연구했고, 그 가능성이 매우 낮다고 결론 내렸죠. 그의 확고한 주장은 본질적으로 우리의 현재 상황에 대한 문제의식에 기초합니다. 그에 따르면 우리가 참조할 수 있는 표본은 지구, 단 하나뿐입니다. 지구상에는 생명체가 약 150만여 종이 존재해 왔어요. 이를 통해 생물학적 성공에 기여하는 요인을 명백한 증거를 가지고 말할 수 있지요. 가장 성공적인 생명체는 박테리아와 같이 매우 빠르게 돌연변이를 일으킬 수 있는 유기체입니다. 또는 딱정벌레처럼 아주 비좁은 틈을 보고도 기를 쓰고 들어가려는 생명체이죠. 그러니까 박테리아와 딱정벌레는 환경에 맞게 변화하려 하지 않는 종들보다 오래 살아남을 가능성이 큽니다.

우리가 흔히 일컫는 '지능'을 기준으로 삼으면, 생존 가능성은 그 수준이 올라갈수록 낮아지고, 포유류에 도달하면 급격히 낮아집니다. 영장류도 인간도 생존 가능성이 매우 낮아요. 불과 몇백 년 전까지만 해도 인간은 개체수가 적을뿐더러 점점 더 줄어드는 종이었어요. 최근 인류가 경험하는 기하급수적인 성장은 시간의 흐름을 거스르는 통계적 변칙입니다. 그래서 마이어는 이렇게 결론을 내렸습니다. "지구 생명의 역사는 어리석은 것보다 똑똑한 것이 낫다는 이론을 반박한다." 즉, 우리가 지능이라고 부르는 건 어쩌면 치명적인 돌연변이일지도 모릅니다. 마이어는 또한 지구상 종들의 평균 수명이 10만 년이라고 덧붙이고는, 현대 인류는 이미 20만 년 전에 출현했는데 종으로서의 인류는, 마이어의 주장을 입증이라도 하듯 지구상에 할당된 시간보다 더 오래 살았다는 걸 보여준다고 합니다.

인류는 2차 세계대전이 끝난 직후부터 자멸의 길을 걸어왔습니다. 전쟁 종식은 방어 수단을 체계적으로 침식하면서, 생존을 위협하는 두 문제를 야기했어요. **생존을 위해 인류가 직면한 두 가지 거대한 도전 과제는 바로 핵 위협과 환경 재앙입니다. 이 종말적 재앙에 대한 최선의 방어는, 정보를 가지고 참여하는 시민들이 함께 모여 제대로 기능하는 민주주의를 통해 위협을 극복할 수 있는 수단을 마련하는 겁니다.**

신자유주의 정책은 이러한 위협을 가중시켰습니다. 신자유주의 원칙은 일반 대중이 정책 구상이나 해결책 마련에 참여하는 걸 교묘하게 구축된 논리로 배제해요. 엘리트들이 내린 결정을 대중이 모르게 하려고 노력하기도 하죠. 이러한 정책은 부를 소수 중의 소수에 압도적으로 집중시켰고, 필연적으로 그들에게 정치권력을 집중시켜 대중의 의지에 부응할 수 있는 제도를 약화시켰어요. 이는 민주주의를 훼손하기 위해 정교하게 설계된 시스템입니다. 임박한 위험에 대응할 효과적인 규제 장치를 공격하는 건 민주주의를 훼손하는 것과 관계있어요. 우리는 지금 역사상 가장 강력한 국가이자 '자유 세계의 지도자'라는 미국에서 이러한 현상을 매우 드라마틱하게 볼 수 있죠. 그런데 이는 갑자기 벌어진 일이 아닙니다. 그 뿌리는 깊습니다.

'완벽한 폭풍', 바로 재난이 임박했음을 보여주기 위해 나는 이제 근현대사에 널부러진 실들을 하나로 엮어보려 합니다. 2차 세계대전의 종전은 인류 역사상 가장 중요한 날로 손꼽히죠. 핵 시대가 도래한, 기쁨과 공포가 한꺼번에 찾아온 순간이었어요. 인간 지성이 인류를 궁극적으로 파괴하기 위한 수단을 만들어낸, 어둠이 빛을 잠식한 시대였죠.

당시에는 사람들이 깨닫지 못했지만, **2차 세계대전의 종식은 조직화된 인간의 생존을 위협하는 또 다른 지질학적 시대, 즉 '인류세'의 시작을 알렸습니다.** 인류세는 인간 활동이 환경을 극적으로 변화시키는 시대를 의미해요. 인류세가 언제 시작됐는지는 여전히 논쟁거리이지만, 세계지질학회는 이를 1950년으로 보았습니다. 이는 부분적으로는 핵 실험 탓에 지구 전체에 방사성 물질이 퍼졌기 때문이기도 하죠. 하지만 온실가스 배출의 급격한 증가와 같은 인간 활동의 또 다른 결과물 때문이기도 합니다. 결국 핵 시대와 인류세는 일치합니다.

시카고 대학교의 《핵과학자회보*Bulletin of the Atomic Scientists*》에서 만든 '운명의 날 시계Doomsday Clock'는 위기의 심각성과 임박성을 그래픽으로 보여줍니다. 과학자와 정치 분석가 들이 정기적으로 의견을 모아 세계 상태를 평가하고 시계의 자정으로 표시되는 종말에 얼마나 가까운지 판단하죠. 1947년에는 자정까지 7분 남았었다면, 소련이 수소폭탄을 실험한 뒤로 미국이 훨씬 더 큰 폭발 실험을 일으킨 1953년에는 자정에 더 앞당겨졌어요. 재난을 향한 분명한 신호였습니다. 그 뒤로 자정을 향해 시계가 계속 움직이고 있어요. 1980년대에는 세계대전이 터질 뻔하면서 시계는 위험할 정도로 자정에 가까워졌습니다. 2015년과 2016년에는 핵전쟁의 위협과 기후변화에 대한 대응 실패라는 두 이유 탓에 자정까지 3분도 남지 않았습니다. 전문가 그룹은 2016년에 이렇게 경고했어요. "세계적인 재앙이 발생할 가능성이 매우 높습니다. 위험을 줄이기 위한 조치가 시급합니다."

트럼프 임기 초기(2017년)에 분석가들은 시계를 재설정해 바늘을 자정에 더 가깝게 옮겼습니다. "위험이 훨씬 더 커졌고, 조치 또한 더 시급해졌다"는 사실을 깨달았기 때문이에요. 현재는 자정이 2분 30초 남았습니다.* 세계적인 위험이 다가오고 있어요. 이는 미국과 소련이 수소폭탄을 실험했던 1953년 이후 최악의 재난에 직면한 겁니다. 최후의 재난과 관련하여 앞선 갈등들에 주목할 필요가 있습니다. 정책 결정과 세계 질서의 본질에 대한 많은 이야기를 담고 있기 때문이죠.

이러한 자멸적 위협은 피할 수 있었던 걸까? 이를 막기 위해 어떤

---

* 지금은 90초 남았다.

노력을 했을까? 질문은 단순하지만 그 대답은 놀랍게도 오늘날 우리에게 암울한 교훈을 줄 뿐입니다. 1950년대로 돌아가 보면, 미국의 안보는 분명히 안정적이었어요. 지구의 반구와 양쪽 대양을 통제했고, 경제력과 군사력에서 압도적 우위를 점했습니다. 주요 산업국가들은 2차 세계대전 탓에 약화되거나 거의 파괴되어 극심한 경제 침체를 겪었죠. 그사이 미국 경제는 번영했어요. 산업 생산력은 거의 네 배로 증가해 전후의 급속한 확장 기반을 마련했지요. 사실 미국은 오랫동안 독특한 장점을 지닌 세계 최대 규모의 경제 대국이었지만, 세계 문제에 있어서는 주요 주체가 아니었습니다. 그 역할은 영국과 프랑스가 주로 맡아왔죠. 그런데 전쟁 특수 덕분에 미국은 전례 없는 권력을 쥐게 됐습니다. 하지만 미국이 아무리 강해도 잠재적인 위협은 늘 존재했습니다. 바로 핵탄두를 탑재한 대륙간탄도미사일이죠. 그 당시에는 존재하지 않았지만 분명히 존재하게 될 무기였어요.

케네디와 존슨 대통령의 국가안보보좌관이었던 맥조지 번디 McGeorge Bundy는 핵무기 의사결정과 계획에 관한 학문적 연구를 수행한 바 있습니다. 그는 당시 매우 존경받는 관료였고, 국가 안보 문서에 접근할 수 있는 권한이 있었죠. "정부 안팎에서 어떤 식으로든 합의해서 탄도미사일을 금지해야 한다는 진지한 제안을 나는 알지 못합니다." 그가 발언한 이 진술은 다시 읽어야 합니다. 나는 이 발언이 학문 역사상 가장 놀랍고 폭로적일 수 있다고 생각해요. 이 문장이 의미하는 바는 이겁니다. '미국을 총체적으로 파괴할 수 있는 유일한 위협에 대한 예방 조치가 전혀 고려되지 않았다.' 이는 국민의 안전에는 무관심할뿐더러 즉각적인 파괴의 위협에 대해서도 무심하다는 사실을 보여줍니다. 오히려 국가권력이라는 제도만 우선적으로 고려하죠. 잠재적 피해자인 국민은 완전히 어둠 속에 남겨졌고, 지금도 그러합니다.

번디의 연구는 공개되어 있지만 학계에서도 알려지지 않았습니다. 그렇다면 미국에 치명적인 위협이 될 문제를 사전에 방지할 수 있는 합의에 이를 가능성이 얼마나 되겠습니까? 명백한 기회가 있었는데도 무시됐기 때문에 불안할 수밖에 없겠지요. 1952년 3월 스탈린은 매우 중요한 제안을 했습니다. 그는 한 가지 조건을 내걸고는 독일 통일을 받아들이겠다고 했어요. 독일이 소련에 적대적인 군사동맹인 나토NATO에 가입하지 않는다는 조건이죠. 스탈린은 서방이 분명 승리할 것으로 예상되는 독일 선거의 가능성도 열어두었습니다. 이 제안이 받아들여졌다면 냉전, 갈등의 위협, 재난의 위협은 종식됐을 겁니다. 사실 당시 스탈린의 제안을 논의한 저명한 애널리스트가 있어요. 제임스 워버그James Warburg는 《독일, 평화의 열쇠Germany, Key to Peace》라는 제목의 중요한 책을 출판했습니다. 책에서 그는 기본적으로 스탈린의 제안을 폄하하며 심각하게 받아들여서는 안 된다고 말합니다. 실제로 아무 조치도 취하지 않았죠. 더욱이 그 뒤로 몇 년 동안 이 제안에 대해 언급한 사람은 누구나 자동으로 해고되고 모욕당했어요. 바로 나에게 일어난 일이기도 하죠. 워버그는 반문했습니다. "어떻게 그런 일을 진지하게 받아들일 수 있습니까?"

최근 소련의 비밀문서 일부가 기밀이 해제되면서, 스탈린의 제안이 실제로 매우 진지했다는 사실이 밝혀졌어요. 하버드 대학의 지극히 반공-반소주의 학자인 애덤 울람Adam Ulam은 스탈린의 제안이 가진 성격을 일컬어 "풀리지 않는 미스터리"라고 여겼습니다. 그는 워싱턴이 "민망할 만큼 설득력이 없다"는 이유로 "모스크바의 제안을 노골적으로 거부했다"고 썼습니다. 그러고는 이런 질문을 열어 두었죠. "세계 평화와 미국 안보에 엄청난 결과를 가져올 수 있는데도 스탈린은 정말로 새로 창설된 독일민주공화국을 민주주의 제단 위에 제물로 바칠 의향이 있었을까?"

냉전 연구의 저명한 학자인 멜빈 레플러Melvyn Leffler는, 비밀이 해제된 소련 문서들을 연구한 학자들이 "사악하고 잔혹한 비밀경찰의 우두머리인 라브렌티 베리야Lavrenty Beriya가 독일 통일과 중립화에 대한 합의를 서방에 제안하라고 크렘린에 건의했다는 사실을 발견하고 깜짝 놀랐다"고 썼어요. 여기에는 "동서 긴장을 완화하기 위해 동독의 공산주의 정권을 희생"하고 소련의 내부 정치와 경제 상황을 개선하는 내용도 포함되어 있었죠. 이것이 미국이 독일을 NATO에 참여시키려고 내다 버린 기회입니다. 이 제안이 정말로 당시 소련 내부의 통일된 의지였는지는 확신할 수 없지만, 이 점 하나는 확실합니다. 미국이 중요하게 생각한 건 국민의 안전이 아니라 세계 패권이었다는 점입니다. 이는 공공정책을 수립할 때마다 나타나는 뚜렷하고 일관된 교훈 가운데 하나예요.

안보에 관해서는 끊임없이 논의됩니다. 하지만 국민의 안전에 관한 얘기가 아니에요. 국민 안전은 기껏해야 주변적인 관심사일 뿐이죠. 대부분은 국가나 민간 권력 시스템의 안보에 관한 겁니다. 자세히 검토하기에는 너무 광범위한 주제이지만, 지금과 관련이 있고 시사하는 바가 큰 1950년대와 1960년대를 한번 보죠.

스탈린 이후 니키타 흐루쇼프Nikita Khrushchyov가 권력을 잡았습니다. 그는 소련의 경제와 사회 발전에 매우 헌신적이었어요. 물론 미국에 비해 훨씬 뒤쳐져 있었죠. 흐루쇼프는 군비 경쟁이 지속되는 상황에서는 발전이 불가능하다는 점을 잘 알고 있었어요. 그래서 그는 미국과 소련 모두 실질적으로 무기를 감축해야 한다고 제안했습니다. 미국으로부터 아무런 응답도 받지 못했지만, 소련은 자체적으로 무기를 감축했어요. 나중에 케네디 행정부가 흐루쇼프의 제안을 검토했지만, 거꾸로 반응했습니다. 당시 가장 존경받는 국제관계 학자 가운데 한 명인 케네스 월츠Kenneth Waltz의 말을 인용해보죠. "(케네디 행정부는) 세계 역사상 평시 최대 규모로 재래식·전략적 군사력을 증강했습니다. 흐루쇼프가 재래식 병력을 크게 줄이고 최소한의 억제 전략을 추구하려고 했을 때였습니다. 심지어 전략무기의 균형이 미국에 크게 유리한 상황에도 불구하고 말입니다."

이게 소련의 제안에 대한 케네디의 반응이었죠. 뒤이어 소련도 대응했습니다. 케네디가 대규모로 군사력을 증강하자 흐루쇼프는 전략적 불균형을 맞추려고 쿠바에 미사일을 보냈습니다. 케네디가 쿠바에서 벌이는 암살과 테러 행위로부터 쿠바를 방어하려는 이유도 있었죠. 이런 대응은 1962년 10월 미국의 쿠바 침공 가능성으로 정점을 찍었어요. 이 해에 쿠바에 미사일이 배치된 겁니다. 그 뒤 벌어진 일은 인류에게 거의 종말적인 위기였습니다.

우리가 여기서 확인할 수 있는 사실은 이런 결정이 미국의 국가안보를 심각하게 손상시키는 동시에 국가권력을 강화한다는 점입니다. 소위 '**카멜롯** 시대'*라는 열광적인 수사修辭 뒤에는 무슨 일이 일어났는지가 숨겨져 있어요. 이를 드러내는 일이 바로 역사를 지켜보아 온 자유주의 지식인들의 주된 책임입니다. **중요한 결론은 국가권력이 국민의 안전에 별로 관심이 없다는 점입니다. 이는 오늘날까지도 변함이 없어요.** 국제정치와 정부의 주요 결정을 돌아보면, 재난을 피할 수 있는 평화로운 선택지가 있었지만, 이 선택은 끊임없이 폐기됐다는 사실을 알 수 있죠.

기록을 검토할 시간이 없지만, 좀 더 최근의 내용으로 넘어가 봅시다. 오늘날 우리는 세계가 직면한 가장 큰 도전이 북한의 핵과 미

＊ '카멜롯'은 케네디 가문을 지칭하는 말로 자주 사용되고, 존 F. 케네디·로버트 케네디·테드 케네디의 별명으로도 쓰인다.

사일 프로그램을 동결하게 만드는 것이라고 말합니다.* 그렇기 때문에 우리가 더 많은 제재와 사이버 전쟁은 물론, 그 밖의 위협 조치를 수행해야 한다고 하지요. 특히 중국이 현실적으로 심각한 위협으로 간주하는 미사일 방어 체계THAAD를 설치해야 한다고 해요. 이런 조치들은 북한을 직접 공격하는 것일 수도 있고, 끔찍한 결과를 초래할 수도 있어요. 여기서 무시되는 또 다른 옵션이 있죠. 바로 미국이 요구하는 바를 정확히 이행하겠다는 북한의 제안입니다. 중국과 북한은 북한의 핵과 미사일 프로그램을 동결하자고 안을 제시했어요. 그 이유는 흐루쇼프 때와 매우 유사합니다. 북한 지도자들은 경제 발전을 추구하고 있으며, 막대한 군비 부담과 무역 봉쇄로는 경제 발전을 이룰 수 없다는 사실을 알고 있습니다.

워싱턴은 북한의 제안을 즉각 거부했어요. 이는 2년 전(2016년) 오바마 행정부에서도 똑같았습니다. 흐루쇼프의 제안을 케네디가 거부한 것처럼 말이죠. 케네디 때 우리는 인류 역사의 완전한 파멸에 가장 가까이 다가갔었죠. 아무튼 워싱턴이 즉각적으로 거부한 이유는 중국과 북한이 B-52 핵전력 모의 공격을 포함해 북한 국경에서 최근 몇 달간 이어진 위협적인 군사훈련을 중단할 것을 요구했기 때문입니다. 중국과 북한의 제안은 비합리적이지 않습니다. 북한 사람들은 자국이 미국의 폭격으로 말 그대로 황폐화됐던 과거를 기

---

* 오늘날 가장 긴박한 위협은 중국으로 보인다.

억하고 있어요. 더 이상 목표물이 남아 있지 않은 상황에서 대규모 댐을 폭격했다며 좋아하는 미국 군사 신문의 보도를 그들은 기억하고 있겠죠. 이는 명백한 전쟁범죄입니다. 농부들의 생존 수단 그 자체인 벼농사를 휩쓴 대홍수를 마치 흥미진진한 스펙터클을 보듯 즐거워하며 다룬 일을 그들은 결코 잊지 않을 겁니다.

모든 공문서는 역사적 기억을 복기할 유용한 자료이기 때문에 다시 읽을 가치가 있습니다. 중국과 북한의 제안은 위협을 근본적으로 줄이고, 심지어 위기를 종식시키기 위한 광범위한 협상의 토대를 마련할 수 있었어요. 수많은 선동적인 발언들과는 달리, 기록이 명백히 보여주듯 협상이 성공할 수 있다고 판단할 이유도 있었어요. 그러나 이런 제안은 국가권력을 유지하기 위해 일상적으로 거부되는 게 현실입니다.

그러면 우리가 마이어의 가설을 어떻게 증명하고 있는지 좀 더 깊이 살펴봅시다. 우리는 지능에 관한 그의 이론을 증명하기 위해 무슨 일까지 하고 있습니까? 지난 3월, 원자력과학국은 오바마 대통령이 시작하여 현재 트럼프 행정부에서 수행되고 있는 대규모 핵무기 현대화 프로그램에 대한 자세한 보고서를 발표했습니다. 보고서는, 미국의 핵무기 현대화가 우리의 생존과 직결된 전략적 안정성을 어떻게 훼손하는지, 그리고 현재 그 균형이 얼마나 취약한지를 보여줍니다. 이 현대화 프로그램은 이런 겁니다. "미국 탄도미사일 무기고의 표적화 능력을 크게 향상시킬 혁신적인 신기술이 포함된다. 이러한 능력의 향상은 경악할 만하다. 기존 미국의 탄도미사일 전력의 평균 살상력의 세 배에 달한다. 핵보유국이 핵전쟁에서 싸워 이길 능력을 갖췄다면 적들을 기습적인 선제공격으로 무장해제시켜 우리가 기대하는 결과를 정확히 만들어낼 수 있다." 이 모든 건 "군사 능력에 혁명적 영향을 미치고 글로벌 안보에 중요한 영향"을 미친다고 합니다.

이 의미는 매우 분명합니다. (…) 위기의 순간에(불행하게도 그런 일이 일어날 가능성이 높다) 러시아 지도자들은 생존을 위해서라도 선제공격을 감행하겠다는 유혹을 받을 수 있고, 이는 지구상에서 조직적인 인간의 생활을 종식시키는 행위입니다. 다시 "외교적 해결이 가능한가"라는 질문을 던진다면, 가능은 해 보입니다. 그런데 그게 수행되고 있습니까?* 우리는 아무것도 감지할 수 없어요. 이 모든 건 마이어의 논문과 관련이 있습니다.

두 번째 실존적 위협인 지구 온난화에 대해서는, 눈 뜨고 있는 사람이라면 누구나 그 위험이 심각하고 임박해 있다는 사실을 인식할 수 있어요. 그런데 우리는 어떻게 대응하고 있나요?

역사상 가장 부유하고 강력한 국가들이 환경 재앙을 불러오는 노력에 앞장서는 반면, **생태적 재앙을 피하려는 노력은 전 세계적으로 원시사회라고 불리는 최초의 국가, 부족 공동체, 원주민이 주도하고**

---

* 오늘날 위험은 우크라이나 전쟁으로 대표된다.

있습니다. 여기서 멀지 않은 곳에 있는, 원주민 인구가 많은 에콰도르는 석유가 있어야 할 곳인 땅속 석유 매장량을 유지하기 위해 부유한 유럽 국가들에 도움을 요청했습니다. 하지만 유럽은 원조를 거부했죠. 에콰도르는 2008년에 헌법을 개정해 '자연의 권리'에 '본질적 가치'를 부여했습니다. 원주민이 대다수인 볼리비아에서도 같은 일이 일어났습니다. 일반적으로 크고 영향력 있는 원주민 인구를 보유한 국가들이 지구 보존 노력에 앞장서고 있습니다. 대신, 원주민을 멸종시키거나 극단적인 소외로 몰아넣은 국가들은 '완전한 파괴'를 향해 질주하고 있습니다. 이 점 역시 생각해 볼 또 다른 사안이에요.

과학 저널에는 끊임없이 등장하지만 언론에는 간헐적으로 보도되는 환경 문제들, 그런 충격적인 보고서들을 다시 언급할 필요는 없겠죠. 그런데 이런 일이 벌어지는 동안, 공화당의 파괴적 눈덩이는 그나마 희망이라 볼 수 있는 구조를 체계적으로 해체하고 있습니다. 마지막 자유주의 대통령인 리처드 닉슨이 설립한 미국 환경보호청EPAgency은 실질적으로 해체됐지만, 현재 에너지부에서 일어나는 일은 더 심각합니다. 그곳 과학국 예산은 거의 20퍼센트, 9억 달러가 삭감될 예정이랍니다. 기후변화를 언급하는 것조차 금지되고, 규제는 철폐되고, 석탄 같은 가장 파괴적인 화석 연료를 최대로 사용하기 위해 할 수 있는 모든 조치가 취해지고 있죠.

지금, 트럼프와 예비 선거만 문제가 아닙니다. 이와 관련해 공화당 지도자들 사이에는 사실상 만장일치의 합의가 있었어요. 그 내용이 지난가을 공화당 예비 선거에서 매우 분명하게 드러났죠. 공화당 후보들은 모두 '기후변화가 현실이라는 사실을 부인'하거나, 그걸 '인식하더라도 아무것도 하지 말자'는 식입니다. 언론도 공모해 관련 기사를 내지 않아요. 실제로 2017년 1월 20일 트럼프 취임 이후 대통령 인터뷰와 기자회견을 분석한 결과, 이에 관해서는 질문을 단 한 개도 받지 않은 것으로 나타났습니다. 이처럼 실존적 위협은 커지고 있어요.

실제 위협은 매우 심각합니다. 국지적인 해수면 상승만으로도 도시와 해안 평야가 침수될 겁니다. 방글라데시의 경우가 대표적이에요. 가까운 장래에는 천만 명이, 나중에는 더 많은 사람이 이주민이 될 겁니다. **오늘날의 난민 문제는 기후 위기로 인한 난민 규모와는 비교할 수도 없습니다.** 방글라데시 기후부의 최고 책임자는 이렇게 주장해요. "이주자들은 온실가스 배출 국가로 이주할 권리를 가져야 합니다. 수백만 명이 미국으로 갈 수 있어야 합니다."

그런데 이 주장이 현재 서구의 정서에 들어맞을까요? 이는 단지 미국이나 영국만의 문제가 아닙니다. 최근 여론조사에 따르면, 대다수 유럽인은 무슬림 인구가 다수인 국가들로부터 이민을 완전히 금지하잡니다. '우리가 그들을 먼저 파괴하자, 그다음 폐허에서 탈출하려고 시도하면 엄하게 처벌하자.' 이게 유럽 사람들의 일반적인 생각이에요. 유럽이 막대한 역사적 책임을 져야 할 아프리카에서,

난민 수천 명이 지중해를 건너다 익사하는 상황에 '난민 위기'라는 말만 하고 있어요. **사실, 난민 위기는 서구 사회의 심각한 도덕적·문화적 위기입니다.**

다시 핵 위협 이야기를 해봅시다. 주요 핵보유국인 미국과 러시아는 아주 위험할 정도로 무기고를 확장하고 있어요. 특히 러시아 국경에서의 갈등은 불붙기 직전입니다. 미국-멕시코 국경이 아닌 러시아 국경이라는 점을 주목해야 하죠.* 이는 소련 붕괴 직후 NATO 세력의 확장이 초래한 결과예요. "고르바초프가 독일 통일을 받아들인다면 NATO는 '동쪽으로 1인치'도 확장하지 않겠다"는 구두 약속을 위반한 처사입니다. 지난 반세기의 역사를 고려하면 이는 상당히 놀라운 양보였습니다. 고르바초프Mikhail Gorbachyov는 브뤼셀에서 블라디보스토크까지 군사동맹 없는 유럽 공동 안보 체제를 구상했지만, 이는 결국 사라져 가는 꿈이 되고 말았어요. 조지 케넌George Kennan을 비롯한 고위 정치가들은 NATO 확장이 "비극적 실수이자 역사적 규모의 정책 오류"가 될 것이라고 경고했습니다. 실제로 지난 세기에 두 번이나 러시아를 침략해서 파괴한 독일의 전통적인 침략 경로를 따라 긴장감이 증폭하고 있습니다. 설상가상으로 러시아의 지정학적 중심지인 우크라이나는 2008년에 NATO 가입을 제안받았어요. 오바마 정부와 힐러리 클린턴이 이를 추진했습니다.

＊　현재 우크라이나 전쟁을 감안할 때 이러한 관찰들의 중요성은 주목할 만하다.

호세 무히카(이하 '무히카'**)**_ 내 안에는 일종의 불안감이 있어요. 가장 큰 문제는 인류가 자연에 가한 재앙을 바로잡을 시간이 있는지에 대한 우려입니다. 큰 딜레마죠. 인류에게는 지식과 수단이 있음에도, 취해야 할 조치를 철저히 취할 만큼 정치적 결단에 충분히 집중하지 못하고 있으니까요. 간단히 말해 우리는 끊임없이 무책임하게 대포를 발사하고 석유를 찾아 나섭니다. 우리 모두는 우리가 줄타기를 하고 있다는 걸 알고 있어요. 완벽하게 알고 있죠. **역사상 인류는 자신도 모르게 많은 재난을 일으켰지만, 이제는 알면서도 의식적으로 자기 파괴를 저질러요.** 그래서 나는 인류에게 시간이 있을지, 아니면 그대로 일종의 생태 대학살을 당하게 될지, 이를 크게 우려합니다. 지금과 같은 세계에서는 모자란 정치적 결단 탓에 많은 인류가 죽게 될지도 모르지요.

우리는 국가의 관점에서 생각할 뿐 '종의 관점'에서 결정하지 않는 경향이 있어요. 그래서 말도 안 되는 일을 차례로 저지릅니다. 우크라이나 침공이 그렇고… 서방이 벌이고 있는 짓이 모두 그렇습니다. **나는 생태학적 위기나 핵 위기는 없고, 정치적 위기가 있다고 확신해요. 우리는 정치적 지휘권이 없는 문명의 고삐를 풀었고, 이는 시장 이익에 따라 지배되죠. 정치는 시장 이익에 종속됐어요.** 우리는 무책임하게 항해하고 있습니다. 상황은 최근 몇 년 동안 훨씬 더 악화됐어요. 통계 수치는 끔찍합니다. 진단, 보고서, 과학적 진술 등이 있어도 그들은 듣지를 않습니다. 정치는 과학의 권고를 의미 있게 수용하지 않아요.

앞으로 위험은 점점 커질 겁니다. 왜냐하면 인류의 무게, 즉 인류의 활동과 지구상의 기술력이 미치는 영향이 이제는 지질학적 요인이 됐기 때문이죠. 최근까지 지질학은 인류와 별개로 움직였습니다. 생태학적 불행이 닥치면 인간은 대처했어야 했죠. 복불복이었어요. 그러나 이제 인간은 엄청난 무게를 지니고 지구의 진로에 영향을 미칩니다. 따라서 '생명의 열쇠에 영향을 미치는 거대한 마법사의 견습생'과 같아졌어요. 생명은 변화에 반응하고 영구적으로 새로운 걸 창조합니다. 수동적이지 않지요.

내 생각에 한 줌 인간이 생명의 순환에 그 정도의 영향력을 미친다는 걸 처음으로 깨달은 때는 다윈의 시대였습니다. 산업혁명이 한창 진행되면서 먼지와 석탄 구름으로 뒤덮인 19세기 런던에 살고 있던 '색이 변한 나방' 덕분이었죠. 흰색이었던 나방이 검게 변하기 시작한 겁니다. 이는 당시에 많은 관심을 끌었습니다. 물론 앞으로도 지속적으로 문제가 될 것이라고 생각합니다.

촘스키_ 바로 오늘 아침 저는 호주의 매우 유명한 과학자이자 기후과학자인 앤드루 글릭슨Andrew Glikson이 쓴 책을 인터넷에서 발견했습니다. 《플루토 *The Plutocen*》라는 책이죠. 2차 세계대전을 기점으로 현재의 지질시대를 인류세라고 부르는데, 이는 인간 활동이 환경을 심각하게 훼손하고 지질학적 힘으로 작용하는 시기를 지칭하지요. 그런데 앤드루 글릭슨은 우리가 이미 인류세를 지나 '플루토세 Plutocene'에 진입했다고 주장합니다. 이는 지구 생태계가 환경에 포함된 플루토늄의 양에 따라 결정되는 시대라고 하더군요. 인간 활동은 극지방의 소규모 수렵채집으로 제한되고, 나머지 세계는 방사선과 플루토늄에 오염된답니다. 지구 온난화로 사람이 살 수 없게 되겠죠. 지금 상황을 보면 비현실적인 전망이 아니에요.

무히키_ 정말 가슴 아픈 일입니다. 우리는 엄청난 비관적 딜레마를 통하지 않고는 현실을 볼 수 없습니다. 기적이 우리를 뒤흔들 수 있을지는 모르겠지만, 글쎄요….

촘스키_ 징후가 절망적인 건 매우 확실하죠. 최악의 상황 일부는 북극권에 있어요. 북극은 지구 기후 시스템을 좌지우지하는 중요한 지역입니다. 바다뿐 아니라 지구상의 모든 기후 패턴에 영향을 미치죠. 이 지역은 상황이 심각한 세계의 다른 지역보다 훨씬 빠른 속도로 온난화되고 있습니다. 상황이 훨씬 더 나쁘죠. 게다가 자체 강화 효과가 있습니다. 북극의 얼음이 많이 녹을수록 어두운 물이 더 많이 노출되어, 태양 복사열이 얼음에 의해 성층권으로 반사되는 대신, 더 많이 흡수되고 얼음이 녹는 과정이 가속화됩니다. 엄청난 양의 탄소를 저장하고 있는 영구동토층이 역사상 처음으로 녹아서 방출되고 있어요. 이는 이산화탄소보다 훨씬 더 치명적인 가스, 메탄을 공기 중으로 방출시키죠. 상황이 더 빠르게 나빠질 겁니다.

다른 지역도 살펴보죠. 인구의 10퍼센트만 에어컨을 갖춘 인도 같은 곳에서는 가난한 농부들이 섭씨 50도에 달하는 기온과 높은 습도에서 살아남아야 합니다. 지금 이런 일들이 벌어지고 있는 거예요. 앞으로 상황은 더 심각해질 겁니다. 내가 사는 곳도 미국 남동부처럼 곧 사막이 될 겁니다. 이미 물이 부족해요. 어디를 가든 우리는 재앙으로 치닫고 있습니다.

아직 이 방향을 바꿀 수 있는 작은 기회의 창이 열려 있다고 믿을 만한 이유는 있습니다. 나락으로 향하지 않고 훨씬 더 나은 세상을 향해 나아가는 방법에 대한 상세하고도 실행 가능한 제안들이 있으니까요. 하지만 이를 실행에 옮길 시간이 없어요. 핵심은 우리가 인류 사회와 역사의 흐름을 극복할 수 있는 도덕적 역량을 갖추는 데 있어요. **지금까지의 증거는 그다지 희망적이지 않지만, 젊은 세대가 자신의 미래를 지키기 위해 행동에 나선다는 점이 한 줄기 희망입니다. 우리가 할 수 있는 일은 그들이 하고 있는 노력을 최대한 지원하는 것뿐입니다.**

서울_ 오늘날의 젊은이들, 적어도 그들 일부에게 희망이 있다는 말씀. 그런데 오늘날 세계의 정치·경제 지도자들이 21세기의 도전에 응할 것이라고 보십니까?

무히카_ 아니죠. 현대 과학이 도달한 결론과 정치적 결정 사이에는 매우 큰 차이가 있어요. 오래전부터 과학이 제기한 명백한 우려에도 불구하고 정치적 결정을 내리는 사람들은 움츠러들지 않았습니다. 30년 전 이미 교토*에서 앞으로 무슨 일이 일어날지 이야기하지 않았습니까? 그런데 어떤가요? 관료적 평온함과 세상의 침묵! 이것이 인간의 한계입니다. 지식이 부족해서가 아니라, 생명을 보호하는 데 지식을 사용하지 않기 때문이에요.

촘스키_ 나 역시 지금의 정치 지도자들이 그 일을 할 수 있다고 생각하지 않습니다. 나는 그들이 근본적으로 그저 사회의 강력한 경제 권력에만 귀를 기울이고 있다고 봅니다. 예를 들어, 미국의 한 의원을 상상해 보세요. 이 사람은 과학의 경고를 분명히 이해할 수 있어요. 그런데도 그는 자신의 캠페인에 자금을 지원한 기업의 말만 들을 뿐입니다. 그래서 바로 샌더스의 캠페인이 꽤 의미 있습니다. 기업 자금 없이 대규모 정치 운동을 할 수 있음을 처음으로 보여줬거든요. 이는 극적인 변화입니다. 사람들은 기업 자금을 지원받는 정치 시스템에서 벗어나 자기들 힘으로도 할 수 있다는 교훈을 얻었습니다. 이 영향력은 아주 멀리까지 확산될 수 있습니다.

---

* 1997년 12월 일본 교토에서 개최된 개후변화협약 제3차 당사국총회를 일컫는다. 이때 지구온난화 규제 및 방지를 위한 국제협약인 기후변화협약의 구체적 이행 방안으로, 선진국의 온실가스 감축 목표치를 규정했다. -옮긴이 주

다른 모든 사람들과 마찬가지로 좌파도 인류 역사상 처음으로 인류의 생존 여부를 결정하는 문턱에 서 있음을 직시해야 합니다. 위협은 많아요. 핵전쟁이 임박했고 환경 재앙이 시급한 것처럼, 전염병이 발생할 확률도 매우 높습니다.* 산업적 축산에서 항생제 대량 사용은 어마어마한 잠재적 위험을 야기하죠. 항생제가 효과를 잃으면 팬데믹이라는 재앙의 토대가 될 수 있어요. 이는 새로운 항생제를 개발하는 인간의 능력을 훨씬 넘어서는 일입니다. 특히, 지구 온난화를 일으키는 온실효과의 주요 원인인 육류 생산에 다량의 항생제가 사용됩니다. 동물을 비위생적인 환경에 가두어놓고 목숨을 붙여놓기 위해 항생제를 가득 주입해, 결국 항생제에 내성이 생긴 치명적인 박테리아가 급속하게 돌연변이를 일으키죠. 이런 일이 벌써 일어나기 시작했어요. 일부 질병은 더 이상 통제할 수 없습니다. 이런 현상이 증가하면서 매우 위험한 상황에 마주할 겁니다. 따라서 인류 역사상 이전에 한 번도 없었던 매우 심각한 도전들이 우리 앞에 놓여 있습니다. 우리는 이런 도전을 신속하고 효과적으로 해결해야 해요.

바다의 플라스틱 문제도 있죠. 이렇게 단순한 것이 모든 해양 생태계를 위협합니다. 결국 인간의 생명까지 위협을 받겠죠. 지난 7000만 년 동안 어느 때보다 빠른 속도로 종들이 사라지고 있어요.

---

* 2020년에 발생한 팬데믹을 돌이켜 보면 2017년에 예언적 성찰이 이루어진 셈이다.

신속하게 해결해야 할 엄청난 문제가 연달아 나타나고 있습니다. 그리고 이 문제들은 바로 지금, 이 세대에 절박한 것들이에요.

더 나아가, 소수가 명령하고 다수가 이에 복종하는 위계적이고 억압적인 사회 모델을 극복해야 합니다. 이 모든 것이 좌파가 직면한 커다란 숙제입니다. 오직 명령만을 따르는 사회적 조건을 사람들이 기꺼이 받아들이는 구조를 반드시 깨야 하죠. 이는 자본주의와는 다른 새로운 모델입니다. 산업화 초기 단계를 살펴보면, 노동자들은 임금 노예 제도를 고대의 노예 제도와 거의 동일하게 여겼습니다. 왜 다른 사람의 명령을 따라야 하죠? 그런데 시간이 지나자 이게 정상적인 것으로, 일반 상식으로 내면화됐어요. 문제의식은 제거됐죠.

무히키_ 앞으로 수십 년 동안 세계적으로 일자리와 소득분배에 격변이 있으리라 생각합니다. 기술혁명은 너무 빠른데, 사회가 이런 변화를 따라잡을 수 없기 때문이죠. 바야흐로 대격변의 시간이 다가오고 있습니다. 로봇공학이 우리를 덮쳐옵니다. 그런데 소득분배는 생산성 증가에 비례하지 않아요. 이는 매우 어려운 조건을 만들 겁니다. 좌파는 문명을 위해 싸워야 합니다. 우리가 이야기하고 있는 바로 이러한 것들을 위해서 말이죠. 그러나 모든 것이 시적이지도 않고 파국적이지도 않습니다. 결과는 다수의 조직적인 의지에 따라 달라질 거예요.

시울― 교수님, 21세기에 혁명적 변화의 가능성이 있을까요? 여기서 '혁명적'이란 말은 글로벌 모델을 근본적으로 변화시키고 지속 가능한 문명을 건설할 만큼 규모가 큰 변화를 의미합니다.

촘스키― 글쎄요, 우리가 21세기에 혁명적 변화를 보게 될지는 아직 알 수 없습니다. 하지만 저는 특히 사회가 조직되는 방식에 매우 중요한 변화가 있어야 한다고 주장합니다. 그렇지 않으면 해결책이 없습니다. **시장을 기반으로 한 개발·생산·교환은 본질적인 위험이 있으며, 지금은 치명적인 결과를 낳고 있습니다.** 우리가 '시장'이라고 부르는 건, 거래가 다른 모든 것에 미치는 영향, 즉 '외부 효과'를 무시합니다. 이는 온갖 종류의 문제로 나타날 수 있지만, 오늘날 대표적인 건 환경 파괴입니다. 이게 어떻게든 극복되지 않으면 우리는 끝인 거죠.

둘째로, **한 사람이 다른 사람으로부터 명령을 받는 구조를 깨야 하죠. 또 이게 본질적으로 불법이라는 사회계약을 체결해야 합니다.** 공공기관을 민주적으로 통제하는 것뿐 아니라 협동조합의 경우처럼 노동자가 생산적인 기업을 통제하는 형태도 포함합니다. 국제체제는 본질적 위계 없이 거기에 참여하는 사람들로 구성되어야 하는데, 이런 변화를 혁명적이라 할 수 있겠죠.

무히키― 나는 어렸을 때 좌파가 권력을 위해 투쟁한다고 믿었습니다. 지금 생각으로는, 투쟁은 문명을 위한 겁니다.

촘스키 정확합니다. 진지한 조치를 취하지 않는다면, 그리 많이 남지 않은 시간에 조직화된 인간 사회가 어려움과 불가능 사이를 오가는 상황에 놓일 수 있습니다.

문화 전쟁

무히카— 우리 세대는 순진한 실수를 저질렀어요. 사회 변화는 사회의 생산과 분배 관계만 바꾸면 된다고 믿은 거죠. 문화가 하는 역할을 깨닫지 못했습니다. 자본주의도 하나의 문화예요. 자본주의에 맞서려면 다른 문화로 대응해야 합니다. 우리가 다른 문화를 실천해야 하는 까닭이 여기에 있어요. 이 모든 건 우리가 함께 연대해서 이기심에 맞서 싸워 나가는 과정이라고 봅니다.

촘스키— 문화가 발전하는 경로를 살펴보는 일은 꽤 흥미롭습니다. 현시대에 문화적으로 가장 크게 공헌하는 것들을 살펴보면, 미국 남부의 흑인과 같이 인류 역사에 존재한 가장 끔찍한 노예 노동 수용소에 살던 사람들에게서 유래한 것임을 알 수 있죠. 그들은 블루스, 재즈 같은 가장 혁신적인 현대 음악의 원천이에요. 문화는 기묘한 것, 사람들이 내면에 지니고 있는 겁니다. 사람들은 끔찍한 조건에서 문화를 발전시키고 배양하죠. 그래서 나는 문화를 사람들이 어떻게든 밖으로 끌어내는 내부 충동이라고 봐요. 우리가 할 수 있는 일은 그런 자연스러운 충동이 흥할 수 있는 조건을 만드는 거예요. **좌파가 해야 할 일도 인간의 자연스러운 본능이 발전하고 번성할 수 있는 조건을 만드는 겁니다.**

마르크스주의의 멋진 선언 하나를 언급하고 싶네요. 카를 마르크스가 기대했던 공산주의는 인간의 '동물적 문제'를 다룰 수 있으면서도 인간의 '인간적 문제'를 자유롭게 남겨두는 것이었습니다. 마르크스가 말했듯, 그중에서 제일 좋은 건 자본주의 사회를 포함해 다양한 억압 사회가 부과하는 장벽과 제한과 장애 없이 인간적 문제에 직면할 수 있도록 사람들을 해방하는 것, 그러한 '사슬'을 제거하고 사람들이 자신의 본능과 타고난 능력을 자유롭게 탐색할 수 있도록 하는 겁니다.

무히카_ 정확합니다. 이 경우 내가 말한 건 상업적으로 소비되는 문화, 즉 공연장에서의 춤이나 프로패셔널한 음악이 아닙니다. 물론 그 모든 게 중요하죠. 그러나 내가 언급하는 문화는 인간관계, 즉 우리가 깨닫지 못하는 사이에 우리 관계를 지배하는 일련의 개념을 포함해요. 전 세계 수백만 명의 익명의 사람들이 관계를 맺는 방식을 결정하는 건 바로 무언의 가치예요.

시울_ 그런 관점에서 볼 때, 무히카 선생님께서 언급한 자본주의 문화에는 분명한 특징이 있다고 생각합니다. 예를 들어, 소비주의 같은 거죠.

무히키_ 그렇습니다. 소비주의는 자본주의 문화의 일부입니다. 무한 축적을 위한 이전투구 판에서 자본주의 자체의 요구에 기능하는 윤리죠. 자본주의적 관점에서 최악의 상태는, 우리가 소비를 중단하거나 거의 소비하지 않는 경우예요. 자본주의에서는 용납할 수 없는 일이죠. [웃음] 이런 배경에서 우리를 에워싸는 문화가 만들어집니다. 우리는 거기에 몰두하고 그에 맞는 문화를 만들어내죠. **사회 시스템은 단순한 소유 관계가 아니에요. 사회의 보통 사람들이 공감하는 암묵적 가치 체계이기도 하며, 그 어떤 군대보다 강력합니다. 바로 이런 게 현 단계에서 자본주의의 주요한 힘입니다.**

촘스키_ 그런 데에는 이유가 있습니다. 자본주의 국가의 교리 체계는 사람들을 서로 분리시키려고 엄청나게 노력하죠. 사람들이 자본 축적에 맞설 수 있는 유일한 방법, 즉 함께 일하고 연대하는 방법을 없애려는 거예요. **따라서 광고 산업은 당연히 사람들을 분리하고 연대를 약화시키려고 합니다.** 이게 소비주의와 홍보·광고 산업의 목적이에요. 사람들이 개인의 소비에만 집중하고 다른 사람들과 협력하지 않게 하려고 광고 산업은 매년 수천억 달러를 쏟아붓습니다. 국가의 선전 기관보다도 인상적이에요. 이 모든 게 매우 의도적으로 진행됩니다. 기업 문헌을 읽어보면 이 사실을 알아챌 수 있을 겁니다. 그 자들은 자신들이 무엇을 하는지 정확히 알고 있어요.

이러한 광고 산업은 영국이나 미국 같은 자유로운 사회에서 처음

발전했습니다. 보수적 기업 지도자들은 이미 너무 많은 자유를 얻은 사람들을 더 이상 힘으로 통제할 수 없다는 사실을 깨달았죠. 그래서 사람들이 조직적으로 공적 행동을 하지 못하도록 관심을 분산시켜야 했어요. 이는 당연히 노동조합을 해체한다는 의미이자, 사람들의 관심을 피상적인 것들, 즉 유행을 좇는 소비에 집중시킵니다. 만약 사회적 관계를 개인과 미디어 기기 간의 관계로, 예를 들어 '나와 텔레비전', '나와 쇼핑몰', '나와 휴대폰' 같은 식으로 만든다면, 사람들은 서로 협력하지 않기 때문에 쉽게 통제되겠죠.

무히키_ 그러니까, 사울. 알겠지요? 우리 세대는 생산과 분배 수단만 국유화하면 세상이 바뀔 거라고 믿었습니다. 이 모든 투쟁의 중심에 새로운 문화를 건설해야 한다는 사실을 시간이 지나도록 이해하지 못했어요. 마음이 자본가인 사람이 어떻게 사회주의 건물을 지을 수 있을까요? 그런 사람은 철근을 훔치고 시멘트를 훔칠 거예요. 자신의 이익을 챙겨야 하니까요. 우리는 그렇게 개인주의적으로 길러져 왔어요. 우리 세대는 합리주의의 세례를 받았고, 역사를 프로그램처럼 계획할 수 있다고 봤습니다. 그래서 인간이 종종 '본능'적으로 결정을 내리고는 그다음에야 그 결정을 정당화하기 위해 '의식'적으로 논리를 만들어낸다는 점을 이해하지 못했죠. 사실 우리는 마음에 따라 훨씬 더 많은 선택을 해요. 그래서 문화가 중요합니다. 우리의 비합리성을 다스릴 수 있는 중요한 역할을 하니까요.

예를 들어볼까요. 우리 좌파 지도부는 어떻게 됐나요? 지도부는 자본주의 문화에 잠식되어, 그들의 삶은 자신들의 투쟁과 전혀 일치하지 않아요. 보세요, **그들은 나를 '가난한 대통령'이라고 불렀지만, 사실 아무것도 이해하지 못한 거예요! 나는 가난하지 않습니다. 많이 필요한 사람이 가난한 사람이에요.** 나는 내 삶을 '스토아(금욕)' 적으로 정의합니다. 만약 세상이 어느 정도 절제하며 살면서, 낭비하지 않고 허비하지 않는 법을 빨리 배우지 않는다면, 이 세상은 견디지 못할 거예요. 돈에 대한 집착은 우리에게 끊임없이 새로운 물건을 사라고 부추깁니다. 그래야만 자본이 축적되니까요. 하지만 지속 가능한 지구에서의 삶을 바란다면, 우리는 꼭 필요한 만큼만 가지고 살면서 낭비하지 말아야 합니다. 방향을 완전히 바꿔야 해요. 그래서 이 싸움은 문화적 성격을 띤 대서사시가 될 겁니다.

우리 좌파는 과거의 방식으로 사고할 수 없음을 깨달아야 합니다. 물론 자본주의에 굴복하자는 뜻은 아닙니다. 좌파만의 새로운 문화를 다시 창조해야 해요! 한때 우리는 '5개년 계획' 같은 걸 놓고서는 한쪽과 다른 쪽(동방과 서방)의 철강 생산량따위를 비교하며 경쟁했었죠. 그 순간 우리는 실패한 겁니다. 창의성마저 사라진 거예요. 우리는 자본주의가 하는 일을 똑같이, 그리고 더 많이 하려고 했습니다. 결국 본질은 '잘 사는 삶'에 있어요. 우리가 삶에서 소중히 여길 수 있는 가치들에, 우리가 열망하는 것들에, 그리고 '절제'라는 감각의 회복에 말입니다. 그리스인들이 말했듯 '과유불급過猶不及',

무엇이든 지나치면 안 됩니다.

먼저 좌파는 다른 가치 체계에 충실해야 합니다. 그래서 내가 문화의 문제, 삶에 대한 헌신의 문제, 그리고 자본주의가 외면한 인간적 가치를 다시 조명해야 한다고 주장하는 겁니다. 우리 사회를 보세요. 부가 넘치지만, 그 안에는 슬픔도 가득합니다. 우리는 과잉 섭취해서 비만한 사회, 과잉 소비를 하는 사회가 됐어요. 우리가 만드는 쓰레기에 질식하는 사회예요. 전 세계를 오염시키고, 필요하지 않은 물건을 사며, 빚을 갚느라 허덕이면서 살아가죠. … 삶의 방식을 바꿔야 합니다! [탁자를 치며 웃음] **지금 좌파는 그 어느 때보다 더 혁명적이어야 해요.**

시울_ 좀 더 구체적으로 말씀해 주시겠어요?

무히키_ 우리는 생각하는 대로 살아야 해요. 안 그러면 결국 사는 방식에 맞춰 생각하게 됩니다. 50년 전만 해도, 우리는 소련이, 미국이 생산하는 만큼 많은 양의 철강을 생산해서, 결국에는 미국을 능가하려는 꿈을 꾸었습니다. 그래서 오직 경제 지표를 비교하고 5개년 계획을 평가하는 데 몰두했지요. 그런데 사실 우리는 다른 걸 걱정했어야 했어요. 사람들이 더 행복하게 살고 우리가 가진 자원이 더 잘 분배되도록 하는 일 말이죠.

시울 ─ 21세기의 혁명가는 더 이상 권력을 장악하여 분배하는 사람이 아니라, 권력을 장악하지 않고 분배하는 사람이 되어야 한다고 생각합니다. 이 거대한 패러다임 전환의 핵심 목표는 '집단적 자기 결정권'의 성취여야 하고요. 그런데 선거를 통해 권력을 잡은 관료적인 좌파가 항상 이 점을 잊는 것 같습니다.

무히카 ─ 분명 그렇습니다. 하지만 조심해야 합니다! 절대적 의미에서의 '권력'은 존재하지 않아요. 권력은 단계적으로 존재할 뿐이죠. 좌파와 우파 사이에 영원하고 끊임없는 갈등이 있지만… 그 말이 옳아요. 제가 오늘도 말했듯, 투쟁은 자율적인 사회를 만들기 위함입니다. 우리 자신의 주인이 되는 법을 배우고, 집단적 주인이 되기 위한 거예요. 새로운 좌파가 이런 문제들을 계속 논의해야 하죠. **나는 지구상에 좌파가 영원히 존재할 거라고 믿지만, 좌파는 분명 예전과는 달라야 합니다. 과거는 과거일 뿐이죠. 지나갔습니다. 시대에 따라 좌파 역시 달라져야 하죠. 유일하게 변치 않는 것은 '변화'뿐입니다.** 그래서 내가 사상의 자유를 위해 투쟁한 촘스키 교수께 감사드리는 겁니다. 자유야말로 이 모든 것의 핵심이죠.

보세요, 시울. 나는 새로운 혁명적 시도를 막거나 방해할 생각이 전혀 없어요. 오히려 그 반대죠. 나에게도 마법의 공식은 없습니다. 다만 창의력을 키워야 해요. 우리는 향수에 젖어 살아가는 구좌파들의 세상에 살고 있어요. 그들은 왜 실패했는지 깨닫기 힘들고 앞으로 나아갈 새로운 길을 상상하는 데 어려움을 겪습니다. 수많은 연습과 실험, 창의성이 필요한 시기예요. 따를 만한 몇 가지 기준은 있습니다. 앞서 말했듯, 우리 세대는 문화의 역할을 중요하게 여기지 않았어요. 여기서 문화는 상업 예술·미술이 아닙니다. 사람들이 맺고 있는 공통적이고 일상적인 관계에 내재된 문화를 말하죠. 이 문화야말로 궁극적으로 자본주의의 가장 정교한 단계에 속합니다. 우리 일상을 자본 축적에 복무하도록 만들어요. 그게 전부라고도 할 수 있어요.

우리가 속해 있고 우리를 둘러싸고 있는 이 문화는 개인의 이익과 자본의 축적을 끊임없이 추구하도록 하는 데만 기능할 뿐입니다. 이는 군대나 군사력은 물론이고 다른 모든 것보다 훨씬 더 강력해요. **왜냐하면 문화가 전 세계에 존재하는 사람들의 영구적인 관계를 결정하기 때문이죠. 원자폭탄보다 훨씬 더 강력하게!** 따라서 문화적 변화를 함께 도모하지 않는다면, 체제만 바꾸는 건 아무 소용이 없습니다. 우리는 새로운 시스템과 동시에 새로운 문화, 새로운 윤리를 구축해야 합니다. 그러지 않으면 무슨 일이 일어날지는 우리가 소련에서 익히 보았죠. 결국 소련은 360도 완벽하게 되돌아가 같은 상황에 놓였습니다. 하지만 상황은 훨씬 더 나빠졌어요! 그러니 우리는 그 실패에서 교훈을 배워야 합니다. 그렇지요?

기술 혁신과 혼란

촘스키_ 이 시점에 좌파에 주어진 또 다른 과제가 있습니다. 다가올 시대에는, 사람이 하는 지루하고 단순하며 위험한 일 대부분을 자동화가 대신하게 될 겁니다. 올바른 사회 체제에서는 자동화 덕분에 해방된 사람들이 진정으로 창의적이고 만족스러운 일에 몰두할 수 있어야 해요. 이러한 조건을 만들기 위해 행동하는 게 21세기 좌파에게 주어진 매우 중요한 과제이죠.

시울_ 무히카 선생님, 자동화가 임박했는데 이와 관련해 어떤 문제가 있을까요?

무히카_ 로봇이 많은 면에서 인간을 대체할 수 있다는 건 장점이에요. 하지만 심각한 문제는 로봇이 로봇의 주인만을 위해 일한다는 점입니다. 로봇을 소유하지 못한 사람들은 어떻게 살 수 있을까요? 따라서 문제는 로봇공학이 아닙니다. 사실상 우리가 가지고 있는 체제, 즉 자본주의가 문제이죠. 로봇공학은 기술적으로 훌륭해요. 다만 그 모든 걸 누가 통제하느냐, 이게 문제입니다. 재분배를 가능하게 하는 재정 정책이 필요해요. 로봇 소유자는 사회에 훨씬 더 많은 기여를 해야 하겠죠. 이 문제는 기본소득이나 토빈세* 같은 정책 주제로 연결됩니다.

촘스키_ 실제로 문제는 자동화가 아니라 사회입니다. 좌파의 임무는 기술의 부정적 영향이 눈에 띄지 않는 사회를 만드는 데 있어요. 기술 자체는 마치 망치처럼 중립적이에요. 망치는 누군가의 머리를 부수는 데 사용할 수도 있고 집을 짓는 데 사용할 수도 있습니다. 망치는 무심할 뿐이죠. 자동화도 마찬가지예요. 자본주의 사회에서 나쁜 방식으로 쓰일 수 있어요. 반면, 사람들을 자유롭게 하여 동기를 부여하고 독립적이고 창의적인 작업을 수행하는 데나 지루하고 위험하며 반복적인 작업에도 쓰일 수 있어요. 자동화는 이 두 방향 가운데 하나로 진행될 겁니다. 그렇기 때문에 **좌파는 기술과 자동화의 긍정적이고 건설적인 측면이 두드러지는 사회적·문화적 조건을 만들어내야 합니다.**

결국 이는 기술적 문제가 아닌 사회적 문제입니다. 기술은 오히려 구원의 수단이 될 수 있어요. 예를 들어, 생태 문제의 경우 문제를 해결하는 유일한 방법은 계속해서 기술을 발전시키는 겁니다. 태양

---

* 자본이 급속하게 유입되거나 빠져나가면 통화가 급격하게 등락해 외환위기가 올 수 있다. 따라서 단기적 자금 이동에 토빈세라는 세금을 부과해 거래비용을 높임으로써 투기적 거래를 억제한다. -옮긴이 주

광 패널은 지속 가능한 에너지 생산에 큰 변화를 가져올 수 있어요. 풍력 에너지도 마찬가지죠. 태양광 기술의 중요한 측면은 중앙 집중형이 아닌 분산형 전력 시스템이 가능하다는 데 있습니다. 매우 중요한 점이죠. 에너지 기업들은 자신들의 수익에 타격을 줄 태양광 사용을 막으려고 기를 씁니다. 누구나 집에 태양광 패널을 설치할 수 있다면 대중민주주의를 확대할 수 있기 때문이죠. 나는 우리가 그런 방향으로 나아가야 한다고 생각합니다.

따라서 자동화는 노동력이나 노동자를 파괴하거나, 그 반대로도 사용될 수 있습니다. 두 방향 가운데 하나로 발전할 겁니다. 이건 새로운 문제가 아니에요. 우리는 무슨 일이 있었는지 알아야 합니다. 불행히도 최근에 세상을 떠난 기술사학자 데이비드 노블David Noble 은 자동화에 관한 가장 세심한 연구자였습니다. 그는 1960년대에 기계의 수치 제어에 관해 연구했어요. 컴퓨터로 기계를 제어하는 방법에 관한 연구로 오늘날에도 시사하는 바가 큽니다. 기술을 설계하는 방법에는 두 가지가 있더군요. 하나는 숙련된 기술자들의 손에 기계 설계 권한을 분산시켜 맡기는 것, 또 하나는 중앙 집중화된 기업 권력의 손에 이를 맡기는 것. 어떤 식이든 각각 근거는 있지만, 지금껏 우리는 후자의 길을 따라왔습니다.

'기술을 어떻게 사용할 것인가'는 정치적·사회적 결정이기도 합니다. 이제 로봇공학에서도 동일한 질문이 제기되고 있죠. 이 기술이 권력을 지배하고 중앙 집중화하는 데 사용될 것인가, 아니면 오늘날 노동자들을 지루하고 단순하며 위험한 일에서 해방시키고, 노동자들이 진정으로 사회와 자신들에게 공헌하는 창의적인 활동에 참여할 수 있게 하는 데 사용될 것인가? 글쎄요, 늘 그렇듯이 우리는 선택할 수 있습니다. 다만, 노동 해방을 위한 선택은 조직화와 실천 그리고 사람들의 참여에 달려 있습니다.

정보기술을 예로 들어봅시다. 정보기술은 정부가 국민을 통제하는 데 사용할 수 있어요. 구글이나 페이스북 같은 대기업은 지구상 모든 개인에 대한 방대한 데이터를 보유하고 있어요. 이런 데이터는 사람들을 통제하는 데 쉽게 사용될 수 있죠. 하지만 **정보기술은 경제를 민주적이고 참여적으로 운영하는 데에도 활용될 수 있습니다. 노동자들에게 실시간 정보를 제공하여, 이들이 집단적으로 최선의 결정을 내리도록 도움을 줄 수도 있겠죠.** 기술은 본래 가치 중립적입니다. 어떤 목적으로든 사용할 수 있어요. 모든 건 우리가 사회 구조를 어떻게 설계하고, 의사 결정을 어떻게 내리는지에 달려 있어요. 이는 대중 참여의 문제이기도 합니다. 우리는 자유와 민주주의를 촉진하기 위해 기술의 잠재력을 활용할 줄 아는 사회 시스템을 구축해야 합니다. 그러려면 먼저 이 모든 기술이 어떻게 작동하는지를 이해해야 하죠. 그다음 기술이 지닌 해방적이고 민주적인 가능성을 인식해야 해요. 나는 이 점이 미래를 위한 현실적이고 중요한 희망이라고 생각합니다.

무히카_ 그렇습니다. 참으로 세상은 도전적입니다. 누가 미래를 결정할까요? 시장과 그 지배자들일까요, 아니면 인류일까요? 이게 핵심 질문이에요. 우리는 먼저 우리가 생명의 균형을 이루는 일부라는 사실을 이해해야 합니다. 중요한 건 생태계 균형을 유지하는 일이에요. 앞으로 50년 안에 간·췌장·심장을 자신의 조직으로 복제하거나 3D 프린팅해서, 150년이나 200년을 사는 사람이 나올 가능성이 높다고 합니다. 그런데 이건 부자들에게만 '허락'될 가능성이 높아요. 아마도 이건 인류가 목격할 가장 큰 불평등 가운데 하나가 될 겁니다. 역사상 처음으로 돈으로 생명을 구매할 수 있는 시대가 올 테니까요. 나는 그런 인류가 전혀 마음에 들지 않아요! 나는 우리와 함께 살아가는 모든 생명체의 생존을 염려하고, 새들이 계속 노래할 수 있게 배려하는 인류를 원합니다. 생각해 봅시다. 인공지능으로 우리가 자기 관리를 더 잘하게 될 수도 있어요. 하지만 슬픔은 그 기회가 '소수의 주머니'라는 필터를 통과할 때 생깁니다. **경제와 기술의 발전이 인류의 행복을 창조하고 증폭시킨다면 환영할 일입니다. 안 그러면 비참한 세상이 될 수도 있죠. 우리는 지구상에서 본 적이 없는 유형의 독재를 보게 될 수도 있어요.**

시울_ 존경하는 무히카 선생님, 특히 젊은 세대를 위해서는 이 문제가 우리를 압도하기 전에 적절한 법적 규제를 마련해야 하지 않을까요? 기술은 기하급수적으로 발전할 것이고, 기술 혁신의 위협은 이미 눈앞에 닥쳤습니다.

무히키_ 인공지능은 책임이 없습니다. 문제는 그것을 누가, 어떤 목적으로 관리하느냐에 달려 있어요. 오늘날 우리가 겪고 있는 문제로 다시 돌아가 봅시다. 인공지능은 소수의 이익을 위해 활용될 것인가, 아니면 인류 전체를 위해 활용될 것인가? 이는 도덕적이고 철학적인 문제입니다. 우리가 왜 싸우는가에 대한 근본적 질문이에요. 답은 인류가 이 문제를 어떻게 대응할 것인가에 달려 있죠. 법이 있는 것만으로는 충분치 않습니다. 법이 실질적으로 시행되려면 사람들의 지지가 필요해요. 세상에는 실행되지 못한 좋은 법들이 묻힌 '죽은 법의 묘지'가 무수히 많아요. 그래서 살아 있는 사회적 힘이 존재하는 게 가장 중요하죠. **그렇기 때문에 젊은이들은 배워야 합니다. 같은 생각을 하는 사람들과 모여서 위대한 목표를 위해 투쟁하고, 삶의 의미를 부여해야 한다는 것을요.**

결국, 오늘날 젊은 세대의 운명은 무엇이 되어야 할까요? 평생 청구서를 갚으면서 늙는 것? 새 물건을 사고 또 사는 걸 행복이라 착각하는 것? 그렇게 늙어가는 것? 사회가 이러한 매우 근본적인 문제들을 결정하는 데에 영향을 미칠 수 있는 세상, 그런 더 나은 세계를 위해 우리는 투쟁해야 하죠. 앞으로 우리는 노동시간 단축이라는 과제를 해결해야 합니다. 사회는 점점 더 고령화되기 때문에 '생각하는 기계'들이 사회적 안전망에 기여할 방안을 마련해야 합니다.

우리 앞에는 무한한 투쟁의 과제가 놓여 있어요. 우리는 이를 직면해야 합니다. 이를 헤쳐 나가기 위해서는 오직 자기 자신만을 생각하는 사람이 아니라, 타인까지 생각할 줄 아는 사람들과 함께해야 합니다.

신자유주의와 네오파시즘

촘스키 나처럼 1930년대를 기억할 만큼 나이가 많은 사람들은 현재 네오파시스트 정당들이 부상하는 걸 보면 경악하지 않을 수 없습니다. 오스트리아와 독일뿐만이 아니에요. 특히 유럽 다수 국가가 무슬림 입국 금지를 요구하는 걸 보면, 과거의 쓰라린 기억을 억누르기가 쉽지 않습니다.

많은 사람이 유럽연합EU의 진정한 성과를 되돌리려고 합니다. 인구의 자유로운 이동과 국경의 약화 같은 것들이죠. 이 성과들은 자유롭고 인도적인 사회에서 문화적 다양성을 강화하는 흐름과 상당히 일치했습니다. 물론 이러한 현상을 서구에 퍼진 신자유주의적 공세만의 탓으로 돌릴 수는 없어요. 하지만, 신자유주의가 중요한 공통 요인인 건 분명하지요. 신자유주의 정책은 정부의 규제력을 특히 약화시키는 것을 목표로 합니다. 예를 들자면, 생태적 재앙과 핵 재앙을 피하는 정부의 능력이 약화되겠죠. 그 후과는 어마어마할 겁니다. 사회가 민주적일수록 정부의 권력은 곧 국민의 권력이 되기 마련인데, 신자유주의 정책과 원칙은 민주주의 자체를 약화시키는 것이 직접적인 특징입니다. 이러한 정책은 본질적으로 극

소수에게 부를 집중시키고, 대다수 사람들은 정체되거나 쇠퇴해요. 경제 권력이 집중되면 정치 권력도 집중되게 마련이라, 민주주의가 기능적으로 침식되어 버리죠. 이는 흔히 알려진 방식으로 나타날뿐더러, 더 근본적이고 원칙적인 이유에서도 비롯합니다.

신자유주의 이론은 의사결정 권한을 '공공' 부문에서 '시장'으로 이전하는 것이 개인의 자유를 증진한다고 주장합니다. 하지만 현실은 매우 다릅니다. 민주주의가 작동한다면 의사결정권이 공공기관에 있어 사람들이 발언권을 가질 수 있지만, 의사결정권이 민간 독재 기구로 이양되면 국민은 아무런 발언권도 갖지 못합니다. 결국 기업이 경제를 완전히 지배하는 상황을 뜻하죠. 신자유주의 공공정책은 "사회는 존재하지 않는다"라는 유명한 문구를 실현하는 데 집중되어 있어요. 이 문장은 마거릿 대처Margaret Thatcher가 세상을 바라보는 방식, 그가 창조하고자 했던 세계를 상징적으로 보여줍니다. 대처는 사회를 '스스로 기능할 수 없는' 무정형 집단으로 변형시키려 했어요. **현대의 경우에는, 적어도 서구에서 독재자는 더 이상 전통적인 폭군의 모습을 하지 않고, 공공의 통제를 받지 않는 사적 권력과 관료적 권력 집단의 모습을 보입니다.** 물론 정보를 쥐고 적극적으로 참여하는 국민이 있는 민주 사회라도, 인간의 필요와 관심사, 생존 문제를 해결하는 올바른 정책을 펼칠 거라는 보장은 없겠죠. 하지만 그럼에도 민주주의만이 우리에게 남은 유일한 희망입니다.

시울_ 최근 촘수키 교수님은 이와 관련하여 공화당에 대해 꽤 논란이 된 발언을 했습니다. 그렇죠?

촘스키_ 음, 저는 두 가지를 말했습니다. **"첫째, 공화당이 인류 역사상 가장 위험한 조직이다. 둘째, 이 발언은 실제로 논쟁적이다"라는 내용이었어요.** 피할 수 없는 질문이 자연스럽게 뒤따르겠죠. "정말인가?" 터무니없어 보여도 사실입니다. 인류 역사상 인간 사회의 조직된 삶의 가능성을 확실히 파괴하는 데 전념하는 조직은 공화당 말고는 존재한 적이 없어요.

시울_ 그럼 공화당이 ISIS(이라크-레반트 이슬람국가. 급진 수니파 무장단체)보다 더 최악인가요?

촘스키_ ISIS가 인간 사회의 파괴를 목표로 하고 있습니까? 물론 공화당도 그런 목표를 명시적으로 말하지는 않죠. 다만 그들이 추진하는 정책이 그런 결과를 낳는다는 겁니다. 비단 도널드 트럼프만이 아닙니다. 이미 언급한 것처럼, 지난 11월의 공화당 예비 선거*를 보면, 모든 후보자가 예외 없이 지구 온난화가 일어나고 있다는 사실을 부인하거나, 이를 인정하더라도 아무 조치를 취할 필요가

* 2016년 11월 선거를 말한다.

없다고 주장해요. 공화당 조직 100퍼센트가 그런 입장이죠. 흥미롭게도 이 점을 거의 아무도 얘기하지 않더군요.

　미국 우파의 또 다른 특이한 요소는 매우 강력한 개신교 복음주의 공동체라는 점입니다.

무히카_ 남미도 마찬가지입니다. 복음주의가 매우 보수적인 정치 세력으로 작용해요.

촘스키_ 복음주의자들은 공화당에 표를 던지는 사람들과 매우 긴밀한 관계예요. 예를 들어, 대부분의 공화당원은 대학 교육이 해롭다고 생각하죠.

무히카_ 여기 남미에도 복음주의 운동이 강하게 침투했습니다. 특히 브라질에서요.

루시아 토폴란스키(이하 '루시아')_ 페루, 콜롬비아도 그래요…. 위험한 일이에요.

촘스키_ 브라질의 복음주의자들은 아직까지는 정치 세력화하지는 못한 것 같습니다.

무히카─ 아닙니다. 이미 의회 의원이 있습니다.

발레리아 외서면(이하 '발레리아')─ 맞아요. 이미 브라질에 침투했어요. 완전히 우파 성향의 자체 정당도 가지고 있어요.

무히카─ 그런 점에서 우리 우루과이는 아주 세속적이에요.

발레리아─ 브라질도 원래 그런 줄 알았는데, 불행하게도 지금은 그렇지 않아요.

루시아─ 우루과이는 라틴아메리카에서 가장 세속적인 나라예요.

무히카─ 맞아요, 1919년에 교회와 국가가 분리됐습니다. 그 흐름은 전부터 있었어요. 1905년, 1910년에 국교 분리 요구가 매우 거셌죠. 1910년에는 '하느님'을 소문자로 'god'라고 쓴 대통령도 있었죠.

촘스키─ 독재 시대에도 계속 그랬나요?

무히카─ 그랬습니다. 그 부분은 결코 바뀌지 않았죠

촘스키─ 브라질의 경우, 독재 시절에 변화가 생겼나요?

발레리아_ 본질적인 변화라고 보기는 어려워요.

촘스키_ 미국에서 복음주의 운동은 항상 거대했어요. 하지만 실제로 조직화된 정치 세력으로 자리 잡은 건 공화당이 복음주의자, 민족주의자, 인종차별주의자, 복음주의자 등과 대중 연합을 형성할 수밖에 없었을 때였습니다. 왜냐하면 공화당의 정책 자체가 워낙에 반동적이고 경제 엘리트에게만 유리한 터라, 그들은 지지층만으로는 유권자를 확보할 수 없었기 때문이죠. 그래서 그들은 여러 면에서 이전에는 거의 존재하지 않았던 무서운 급진 세력들과 대중 연합을 하게 된 겁니다.

트럼프 지지층에 대한 오해가 약간 있습니다. 그들은 실제로 일부 사람들이 생각하는 것처럼 전형적인 노동자 계급이 아닙니다. 트럼프 지지자들은 외려 구매력이 높은 사람이 많습니다. 소상공인, 사업가, 농촌 지역의 계약업자 같은 사람들이죠. 노동자 계층도 일부 있지만 많지는 않아요. 사회경제적 관점에서 볼 때, 이 유권자 집단은 1930년대 파시즘의 기반이 됐던 계급과 매우 유사합니다. 불행하게도 이들은 미국에 깊이 뿌리내린 인종차별적 요소와 맞닿아 있어요. 백인우월주의는 다른 어떤 나라, 심지어 남아프리카공화국보다 미국에서 훨씬 더 강합니다.

그런데 민주당은 최근 수년간의 정치적 흐름에 따라 중도 공화당처럼 변해왔습니다. 신자유주의 정책에 따라 노동자 계급을 버린 친

기업 정당이 되어버렸어요. 그럴 경우 민주당은 의미 있는 대안이라고 보기 어렵습니다. 물론 민주당은 다른 방향으로 갈 수도 있습니다. 예를 들어, 샌더스 같은 경우, 그는 '뉴딜' 정책과 복지형 국가자본주의에 전념하고 있습니다. 샌더스는 스스로를 '사회주의자'라고 부릅니다. 실제로는 그리 관련 있어 보이지는 않지만요. 요즘 사회주의라는 용어는 온건한 국가자본주의를 뜻할 뿐입니다. 어쨌든 어느 정도 의미 있는 진보 정책을 가진 정당이 될 수 있습니다. 희박한 가능성이지만 선거에서 이길 수도 있겠죠. 한편 샌더스 측 많은 활동가들은 장기적·정치적으로 중요한 활동을 하고 있어요.

오바마 시절에 민주당은 주州 차원에서나 지방 차원에서 기반을 잃었습니다. 하지만 지금은 그 기반을 재건하고 있고, 이는 앞으로 중요한 영향을 미칠 수 있겠죠. 예측하기는 어렵지만 중요한 기회가 있다는 신호들이 분명 보입니다.

시울_ 촘스키 교수님, 자유무역협정FTA은 신자유주의의 대표적 수단으로, 국가권력을 기업 부문으로 이양시키는 데에 쓰였습니다. 왜 그렇습니까?

촘스키_ 우선, '자유무역협정'이라고 부르지만 실제로는 '자유무역' 협정이 아니라 '투자자 권리' 협정이라는 점을 명심해야 합니다. 우리는 올바른 용어를 사용해야 하죠. 예를 들어, 우루과이 라운드 협상*은 우리가 '자유무역'이라고 부를 수 있는 것과 거의 관계가 없었습니다. 또 다른 예로, NAFTA(북미자유무역협정)는 실제 무역과는 별 관련이 없습니다. TPP(환태평양경제동반자협정)도 마찬가지예요. 이러한 협정은 사적 권력의 권리를 확장하는 데에 중점을 두고 있죠. 우루과이 라운드조차 '지적재산권'이라고 부르는 것과 많은 관련이 있는데, 기본적으로 '독점권'을 말해요. 빌 게이츠는 두 가지 이유로 세계에서 가장 부유한 사람이 됐습니다. 첫째, 그는 수십 년간 세금 지원을 받아 인터넷·소프트웨어·위성 등을 연구했어요. 둘째 이에 대한 독점적 권리를 가졌습니다. 많은 컴퓨터에 윈도우가 기본으로 탑재되는데, 이는 분명히 이른바 '자유무역'협정의 결과입니다.

민간 권력이 대규모 특허권을 독점적으로 유지하는 행위는 과거에는 볼 수 없었죠. 만약 특허권에 관한 우루과이 협정이 19세기에 이루어졌다면, 미국은 오늘날의 제3세계 국가가 됐을지도 모릅니다. 발전할 기회가 차단되어 결코 발전할 수 없었을 테니까요. 또한 이들 자유무역협정은 민간 투자자에게 정부를 상대로 소송을 제기할 권리를 부여했어요. 우리는 개인으로서 정부를 기소할 수 없지만, 다국적 기업은 할 수 있습니다. 예를 들어, 환경 규제 탓에 자신

---

* 세계 각국의 관세와 비관세 장벽을 철폐하기 위하여 1986년 116개국이 우루과이 푼타델 에스테에 모여 시작한 GATT(관세 및 무역에 관한 일반 협정)의 제8차 다자간 무역 협상을 말한다. 각국의 시장 개방 확대, GATT 체제 강화, 서비스, 지적재산권, 무역 관련 투자 등에 대한 국제 규범을 제정하는 것을 목표로 삼았고, 1994년 4월 모로코의 마라케시에서 완전 타결되었다. -옮긴이 주

들의 이익이 영향을 받는다면, 이들은 정부를 고소할 수 있습니다. 실제로 이런 일이 점점 더 자주 발생하고 있습니다. 그러니 이런 협정에서 '자유'라는 말을 삭제해야 합니다.

NAFTA를 보면 아주 노골적입니다. 기업에서 자료를 제공하지 않아 우리는 간접적인 수치만 볼 수 있습니다만, 경제학계 문헌에는 NAFTA가 미국과 멕시코 간 교역을 증가시킬 것으로 알려졌습니다. 그런데 [서울을 바라보며] 제너럴모터스GM가 인디애나에서 부품을 생산해 멕시코 북부의 마킬라도라(조립 공장)로 보내 조립하고, 조립한 자동차를 판매처인 로스앤젤레스로 가져온다고 생각해 봅시다. 이를 양방향 무역이라고 하더군요. 하지만 실제로는 '내부 거래'예요. 소련이 이런 형태의 무역을 했죠. 어딘가에서 무언가를 생산한 다음 조립을 위해 폴란드로 보냈어요. 그들은 이를 두고 '무역'이라고 불렀지만, 사실상 경제적으로 종속된 지역 간의 내부 거래에 지나지 않았어요.

현재 멕시코와 미국 간에 무역이라고 부르는 것의 50퍼센트가 기본적으로 이런 방식의 지배적 내부 경제에서 비롯한다고 추정됩니다. 이는 멕시코 농업 산업을 파괴하는 등 심각한 부작용을 초래하죠. 아무리 유능한 멕시코 농부라도 미국 정부의 막대한 보조금을 지원받는 미국 농산업과 경쟁할 방법이 없어요. 따라서 우리는 이런 자유무역협정을 조심해야 합니다. 이런 협정이 '자유'를 주지는 않아요. 편리하게 갖다 붙인 이름이 아니라, 실제 본질에 맞는 이름을 불러야 합니다.

예를 들어, TPP는 어떤 방식으로든 재건되고 있습니다만, 그와 동시에 더 중요한 병행 협정이 개발되고 있습니다. 바로 '무역과 서비스 협정TiSA'입니다. 이 협정은 무역과는 관련이 없고 금융 조작과 거래 통제에 관한 것이에요. 이 협정은 비밀리에 매우 신중하게 추진되고 있는데, 기본적으로 TPP와 동일한 영향을 미칠 것으로 보입니다. TPP 붕괴에 따라 몇 가지 영향이 있었죠. 그중 하나는, 중국 투자은행의 영향력이 커진 걸 들 수 있어요. 영국을 포함한 많은 서구 국가가 이 흐름에 동참하고 있습니다. 그런데 미국은 배제됐죠. 이는 중국 경제성장의 일부 요인이기도 합니다. 물론 중국의 경제 성장률은 미국보다 낮지만, 여전히 매우 중요합니다.

다국적 기업이 통제하는 국제경제의 구조는 매우 복잡합니다. 이들 기업의 공급망은 매우 촘촘하고 안정적이에요. 이를 통해 정치적 영향력을 유지하고 이 추세를 지속하죠. 따라서 국민들이 훨씬 더 적극적으로 참여해야 합니다. 사람들은 먼저 무슨 일이 일어나는지 알아야 해요. 그러면 이 상황이 앞으로도 계속되더라도, 방향을 달리할 가능성도 있습니다.

테러와의 전쟁과 마약과의 전쟁

시울_ 마약과의 전쟁, 테러와의 전쟁은 미국의 대표적인 두 가지 '미끼'였습니다. 미국은 정말로 무엇을 바라는 걸까요?

촘스키_ '테러와의 전쟁'이라는 표현은 흥미롭습니다. 지금은 부시와 연관되어 있지만 실제로는 로널드 레이건 때 등장했죠. 레이건은 취임하면서 그와 행정부가 이른바 '국가 주도 국제 테러'에 초점을 맞춰 정책을 펼 것이라고 선언했어요. 국가 주도 국제 테러란, 쿠바의 지지를 받은 소련이 중앙아메리카 지역에서 테러를 벌인다는 뜻입니다.

그런데 당시 세계 최고의 테러 국가는 바로 레이건 행정부였습니다. 중앙아메리카에서만 20만 명이 넘는 사람이 살해당했고, 그보다 더 많은 사람이 고문과 파괴의 희생자가 됐습니다. 레이건 시대에 미국은 남아프리카공화국의 아파르트헤이트 정권을 지지한 마지막 국가였어요. 심지어 대처가 지지를 철회한 뒤에도 계속 그랬죠. 유엔 분석에 따르면 남아프리카공화국이 이웃 국가를 약탈한 행위만으로 백만 명 이상이 사망했어요. 미국은 이스라엘의 레바논 침공도 지원해 2만 명이 사망하는 결과를 초래했습니다. 이런 짓은 어디에서나 대규모 테러 행위로 간주됩니다. 물론, 1980년대에 테러와의 전쟁이 있었다는 사실을 숨기려는 시도도 있었죠. 그 결과가 너무 끔찍했기 때문에 역사를 지우려 한 겁니다.

우리(미국)는 타인이 우리에게 하는 짓을 '테러'라고 부릅니다. 하지만 우리가 타인에게 가하는 짓을 그렇게 부르지는 않아요. 이게 미국이 테러를 정의하는 방식이죠. 조지 부시는 9·11 이후 이 용어를 부활시켰습니다. 테러와의 전쟁을 벌이겠다면서요. 결과는 어떻습니까? 2001년 9·11 공격 당시, 테러 조직들은 아프가니스탄과 파키스탄 국경의 작은 부족 지역에만 자리 잡고 있었죠. 알카에다가 거기에 있었어요. 그런데 오늘날은 어디에 있나요? 전 세계 곳곳에 있습니다! 소위 테러를 큰 망치로 때릴 때마다 테러 조직은 차례로 퍼졌습니다. ISIS는 금세기 최악의 범죄인 미국의 이라크 침공이 낳은 결과예요. 이게 바로 테러와의 전쟁의 실체입니다. 미국은 계속해서 대규모 국제 테러 캠페인을 늘리고 있어요. 오바마 때는 드론을 이용한 작전이 있었고, 트럼프 때는 미국에 위해를 가할 음모가 있다는 의심만으로도 사람들을 암살하려는 계획이 있었죠.

다른 나라에서 이런 유형의 프로그램을 시행한다고 상상이나 할 수 있을까요? 예를 들어, 이란이 미국의 모든 정치 지도자가 선언하듯, 자신들을 위협하는 사람들을 공개적·공식적으로 살해하겠다고 천명했다고 상상해 보세요. 이란 정부가 "그들이 이란에 위협이 되니까 죽여버리자"라고 말한다고 가정해 보세요. 우리는 그게 정당하다고 여길까요? 이런 게 바로 오바마와 트럼프의 드론 캠페인입니다. 트럼프 때 군사 공격에 따른 민간인 사상자 수가 급격히 늘었어요. 이라크와 시리아에서 민간인 피해를 모니터링하는 에어워즈 AirWars 같은 단체를 봅시다. 그들은 얼마 전까지만 해도 아사드 정권과 러시아의 공습으로 희생당한 민간인 피해에 주목했죠. 하지만 지금은 미국의 공격에 의한 희생자 수가 제일 많습니다. **이것이 이른바 '테러와의 전쟁'이에요. 뭐라고 부르든, 본질적으로는 '암살 캠페인'입니다. 한마디로 테러리스트 간의 전쟁일 뿐입니다.**

마약과의 전쟁 관련 기록을 뒤져보면, 이 문제에는 오랜 역사가 얽힌 걸 알 수 있습니다. 중요한 분기점은 리처드 닉슨 시절에 있었죠. **당시 여러 연구가 수행됐고, 정부는 마약 문제 해결에 가장 효과적이고 저렴한 방법은 예방과 치료라는 사실을 알고 있었어요. 경찰력 동원은 비용은 더 들고 효과는 덜합니다. 국경 통제는 그보다 더 비싸고 효과도 더 떨어집니다. 가장 비싸고 효과가 없는 방법은, 이를테면 콜롬비아에서 실행된 '화학약품 공중 살포' 같은 겁니다. 이는 사실상 화학전에 가깝습니다.** 이런 내용은 정부 자체의 연구에서도 명확히 드러났어요. 그런데 실제로 돈은 어디에 쓰였을까요? 정반대에요. 가장 효과적인 방법에는 예산이 최소한으로 배정됐고, 효과가 없는 방법에 더 많은 돈이 투입됐습니다.

로널드 레이건 시절에 소위 마약과의 전쟁은 더욱 가속화됐는데,

그 효과는 어땠을까요? 예방과 치료가 급격히 줄어들었고, 폭력적 대응이 증가할수록 상황은 악화됐습니다. 그 긴 세월 동안의 결과는 무엇입니까? 지금 미국에는 마약 중독이 전염병처럼 유행하고 있어요. 마약 가운데 상당수는 통상 '마약'이라고 부르는 물질이 아닙니다. 합성 의약품, 실험실 약품 등으로 미국에서 대부분 생산된 것들이죠. 이 여파는 다른 나라, 특히 멕시코에 엄청난 타격을 입히고 있어요.

그러니까 **이런 게 이른바 '마약과의 전쟁'입니다. 바보가 아닌 한, 이런 짓을 마약 사용을 줄이려는 노력으로 해석하지는 않겠지요.** 실패할 줄 뻔히 아는 방법을 계속 쓰는 건 진지하게 받아들일 여지가 없습니다. 그렇다면 진짜 목적이 무엇인지 생각해 봐야죠. 글쎄요, 여러 가지를 추측해 볼 수는 있지만 놀랄 만한 답은 없습니다. 예를 들어, 콜롬비아에서는 마약과의 전쟁이 기본적으로 '반군 진압'용입니다. 이 작전은 가난한 농부들에게 엄청난 피해를 입혔죠. 콜롬비아 같은 지역에 화학약품을 살포하면 마약 작물뿐 아니라 다른 모든 농작물이 파괴됩니다. 내가 직접 본 사례도 있어요. 가난한 농부들이었습니다. 독일에 판매할 유기농 커피를 재배하며 살았죠. 그런데 일단 화학약품을 살포하니 모든 게 끝나버렸어요. 농부들은 농지를 버리고 보고타 외곽으로 도망쳐 노숙자 신세가 됐습니다. 콜롬비아는 현재 세계에서 국내 난민 규모가 가장 큰 국가 가운데 하나가 됐어요. 이게 다 마약과의 전쟁 탓에 벌어진 일입니다. 게다가 멕시코에서도 그랬듯 범죄 조직이나 카르텔이 생겨나는 결과로 이어졌습니다.

미국에서는 마약과의 전쟁이 감옥 수감률 증가의 주요 원인이 됐습니다. 1980년대까지만 해도 미국의 수감률은 다른 선진국과 비교해 비슷하거나 조금 높은 수준이었지만, 범위를 크게 벗어나지는 않았어요. 그런데 지금은 훨씬 더 높아졌습니다. 미국은 수감률이 세계에서 가장 높은 나라로, 유럽 국가들에 비해 5~10배 이상 높습니다. 대부분은 마약과 관련된 것으로, 주로 흑인 공동체에 피해를 끼치고 있죠. 흑인 공동체는 주로 남성들이 대규모로 투옥되면서 황폐화됐어요. 이런 결과가 예측 가능했다는 점을 고려하면, 이는 고의적이고 의도적인 것이었다고 해석하는 게 매우 자연스럽습니다.

미국, 몰락하는 제국일까

촘스키_ 음, 전반적으로 미국의 권력은 쇠퇴해 왔지요. 오늘날에는 권력이 동쪽으로 이동하고 있다고 많이들 말하지만, 이게 사실이라고 해도 깊이 관찰하고 분석할 필요는 있습니다. 미국의 권력은 1945년에 정점에 이르렀어요. 역사상 이 정도 규모로 집중된 권력은 없었지요. 당시 미국은 전 세계 부의 약 50퍼센트를 보유했습니다. 이전에는 볼 수 없었던 수치입니다. 비교할 수 없는 군사력을 보유했고, 전반적으로 압도적으로 강력했으며, 미국 정책 결정자들은 이 점을 잘 알고 있었지요. 2차 세계대전과 그 이후의 여러 기록을 보면, 미국은 민간 부문의 이익에 기초하여 세계 질서를 재편하려고 매우 정교하고 치밀한 계획을 세웠습니다. 이는 매우 신중하고 세심하게 분석되어 성공적으로 수행됐죠.

허나 그때부터 미국의 권력은 쇠퇴하기 시작해요. 특히 1949년 중국이 독립했을 때 그 징후가 분명히 드러났습니다. 이는 엄청난 결과를 가져온 사건이었습니다. 미국에서는 이를 두고 '중국의 상실'이라고 표현할 정도였으니까요. 이건 무엇을 의미할까요? 내 것이 아닌 것을 잃을 수는 없잖아요? 중국의 상실은 '우리가 세계의 주인이고, 누군가가 우리의 통제를 벗어나면 그건 손실이다'라는 미국의 인식을 드러냅니다. 이 일은 당시 미국에서 큰 화두였지요. 매카시는 중국을 잃게 만든 장본인이라고 비난을 받았죠. 케네디가 대통령이 되자 남베트남에서의 전쟁을 확대했는데, 그 이유 하나는 자신이 '인도차이나를 잃었다'는 비난을 받고 싶지 않았기 때문이었어요. 과테말라의 경우도 마찬가지였습니다. 1960년대와 1970년대에 남미에서 일어난 모든 일이 너무나 자명하죠. 여러분은 이미 그 사실을 잘 알시겠지요. 미국은 남미를 잃는다는 두려움을 견딜 수 없었습니다.

이런 식으로 점차 미국의 손실이 커졌고, 권력은 쇠퇴해 갔습니다. 1970년대 초에 국제경제는 이미 미국-유럽-일본의 삼극 체제 상태였어요. 미국은 NAFTA를 통해 체제를 보강해 나갔는데, 신자유주의 정책을 통해 멕시코의 손발을 묶어두고는 멕시코를 미국의 권력과 통제 아래에 두었죠. 그 결과 멕시코는 1994년 이후 라틴아메리카에서 소득 수준이 낮은 나라가 됐어요. 이는 이미 예상된 일이었습니다. 멕시코는 농업 부문이 파괴되는 등 여러 구조적 타격을 입었습니다. 반면 다른 라틴아메리카 국가들은 최근 수십 년 동안 어느 정도 독립적인 상태를 유지하는 데 성공했어요. 전반적으로 보면, 미국의 쇠퇴는 여전히 진행 중에 있습니다.

현재 미국은 세계 부의 약 20퍼센트만을 차지한다고 보지만, 이 수치는 오해를 불러일으킵니다. 이는 단순히 이데올로기적인 지표일 뿐입니다. 훨씬 더 의미 있는 지표가 있어요. '세계 경제에서 미국 기업이 차지하는 비중이 어느 정도인가?' 이런 지표야말로 훨씬 더 중요한 척도이죠. **이를 면밀히 들여다보면, 미국 기업이 세계 부의 약 50퍼센트를 소유하고 있다는 사실을 알 수 있습니다. 그들은 세계 경제의 거의 모든 부문을 주도하고 있죠.** 물론 미국에 본사를 둔 까닭에, 군사적 지원과 재정적 혜택도 받아요. 결국 이러한 수치야말로 오늘날의 기업 권력 구조를 더 잘 보여줍니다. 세계 공급망은 복잡하게 얽혀 있지만, 핵심 권력은 미국에 있는 초국가적 기업들에 있습니다. 미국의 권력이 여전히 막강한 까닭이 여기에 있죠. 그러나 이는 전통적인 국가권력이 아닌 기업과 자본의 권력입니다. 이러한 분석은 잘 언급되지 않지만, 현대 세계를 이해하는 데에는 매우 중요합니다.

따라서 미국의 권력 쇠퇴를 묻는 질문에 대한 대답은 복잡할 수밖에 없겠지요. 미국은 어떤 면에서는 쇠퇴하고 있지만, 군사력에서는 단연 경쟁자가 없는 게 현실입니다. 미국은 다른 모든 나라를 합한 것과 맞먹을 정도의 군사 예산을 지출하죠. 군사 기술은 훨씬 더 앞서 있어요. 이는 러시아의 억지력을 무력화할 정도입니다. 이 점 또한 아주 중요해요. 다른 어느 나라도 전 세계에 수천 개의 군사 기지를 분산하여 운영하지 않습니다. 미국은 수천 킬로미터 떨어진 수십 개의 국가에서 활동하는 군대와 특수부대를 운영하죠. 이런 것이 미국이 가진 권력의 지표입니다. 쇠퇴는 있어요. 하지만 주로 대중(시민사회) 측면에서이지, 다른 측면에서는 그다지 쇠퇴하고 있지 않습니다.

현재 공화당 행정부는 기후변화 문제에서 미국을 다른 나라들로부터 고립시키는 방향으로 움직입니다. 이는 의심할 여지 없이 심각한 결과를 초래할 겁니다. 미국은 세계에서 가장 영향력 있는 강대국이면서도 기후변화에 관한 주요 협약에는 참여하지 않고 있죠. 매우 심각합니다. 세계 경제 통합 측면에서도 미국은 무역협정을 멀리하는 반면, 다른 나라들 특히 유럽연합과 일본은 무역협정을 체결하며 미국을 배제하고 있어요. 캐나다는 유럽연합과의 협정을 확대하고 있지요.

예측하기는 어렵지만, 초국적 기업 체제하에서 이루어지는 세계 경제 통합은 매우 긴밀하게 얽혀 있기 때문에, 개별 국가 차원의 사건에는 큰 영향을 받지 않을 것이라고 봅니다. 세상이 어떻게 발전하는지 분석하려면 이런 점을 고려해야 하죠. 특히 지난 20년 동안 국제경제에는 상당한 변화가 있었어요. 초국적 기업은 수십 개 국가가 참여하는 매우 복잡한 공급망을 구축했지요. 예를 들어, 세계 최대 기업인 애플은 미국에 본사를 두고 있지만, 조립은 대만 기업의 관리를 받아 중국에서 하고 있습니다. 수익의 아주 작은 몫을 중국에 남기고, 그보다 조금 더 많은 몫은 대만 폭스콘에 주고, 대부분은 애플로 들어갑니다. 애플은 아일랜드에 소규모 사무실을 내고는 '본사'라고 부르면서 세금을 회피하죠.

이런 게 다국적 기업이 일하는 방식입니다. 이러한 기기의 부품이나 소자를 만드는 노동자들은 자신이 어느 기업을 위해 일하고 있는지조차 모릅니다. 이 때문에 착취당하기 쉽고, 조직화되지 않으며, 언제든지 대체될 수 있어요. 그래서 그 노동자들은 협상력이 없습니다. 이런 방식은 매우 뚜렷한 새로운 형태의 계급 구분을 만들죠. 이 모든 걸 금융기관이 통제해서 국가 간에 거대한 불평등이 생깁니다. 이러한 점들이 미국의 쇠퇴에 관해 이야기할 때 주목해야 할 매우 중요한 요소들입니다.

중국이나 인도가 차기 강대국이 될 것이라고 많이들 얘기하지만, 실제로 그러기는 쉽지 않습니다. 중국은 여전히 매우 가난한 나라예요. 인도는 더욱 그렇죠. 상당히 상세한 발전 척도를 보여주는 유엔 인간개발지수HDI를 분석해 보면, 중국은 90위권 인도는 130위권입니다. 이들 국가에는 서구 선진국에는 없는 내부 문제가 매우 뚜렷히 발견됩니다. 중국은 지난 10년 동안 눈부시게 성장하면서 빈곤 감소에도 진전이 있었다지만, 진정한 독립적 강대국이 되려면 아직 갈 길이 멀기만 합니다. 우리는 실제 일어나고 있는 일들에 대해 그 규모와 비중의 차이를 분명하게 인식해야 합니다.

라틴아메리카, 희망의 등불인가

서울_ 이런 상황에서 라틴아메리카는 어떤 역할을 하고 있나요?

촘스키_ 대체적으로 레이건과 함께 시작된 신자유주의 시대를 보면, 라틴아메리카는 신자유주의 구조조정 프로그램의 첫 번째 주요 피해자였습니다. 라틴아메리카는 1980년대와 1990년대 동안 초토화됐어요. "잃어버린 10년"이라고들 합니다. 이는 워싱턴 컨센서스*에 따라 미국 국무부의 산하 기관이나 다름없는 국제통화기금IMF이 관리했습니다. 두 분(무히카와 서울)은 이미 그 시절의 결과를 알고 있을 겁니다. **그러나 라틴아메리카는 이러한 상황에서 가장 먼저 벗어난 지역이기도 합니다. 1997년 금융위기 이후 동아시아와 함께 라틴아메리카는 워싱턴 컨센서스와 IMF에서 벗어나기 시작했죠.** 21세기 초 라틴아메리카의 진보 정부는 이 시기의 비참한 결과를 되

＊ 워싱턴 합의Washington Consensus는 미국과 국제 금융자본이 미국식 시장경제 체제를 개발도상국의 발전 모델로 삼게 한 합의로, 1989년 중남미 국가들의 경제 위기에 대한 처방으로 처음 사용한 개념이다. 이후 미국의 행정부와 국제통화기금, 세계은행 등의 논의를 거쳐 정립되었으며, 정부 규모 축소, 관세 인하, 시장 자유화와 개방, 민영화 등을 주요 내용으로 한다. -옮긴이 주

돌리기 위해 중요한 조치를 취했어요. 그중 하나는 IMF를 축출하는 것이었습니다. 실제로 IMF는 라틴아메리카에 더 이상 많은 대출을 하지 않고, 이제는 유럽에 더 집중하고 있습니다. 이는 곧 세계 금융 시스템을 통제하는 미국 재무부에서 벗어난다는 의미입니다.

여러 국가에서 이런 일이 일어났어요. 일부 국가에서는 빈곤을 크게 줄이고 교육 기회를 늘리며 시민권을 강화하기 위한 조치를 시행했습니다. 주로 브라질에서 룰라의 지도력 아래 국제 질서를 변화시키고, 이를 통해 남반구의 목소리를 높이려는 노력이 국제적인 차원에서 진행됐어요. 예를 들어, 워싱턴 컨센서스와는 별개의 블록인 브릭스*가 탄생했죠. 룰라가 주도한 일입니다. 이는 세계적 차원에서 의사결정 구조를 변화시키기 위한 중요한 전환점으로, 실질적인 개선으로 이어졌어요. 하지만 안타깝게도 이러한 성과에는 심각한 실수가 동반됐고, 이는 지금껏 이룬 성과를 뒤집고 과거의 비참했던 정책으로 회귀할 위험을 초래하고 있습니다.

라틴아메리카의 주요 문제 가운데 하나는, 뿌리 깊은 부패를 완화하기에는 좌파 세력의 역량과 리더십이 부족하다는 점입니다. 라틴아메리카에는 많은 자원이 있지만, 이 자원은 전통적으로 소수 부유층과 외국 투자자에게 집중됐어요. **이는 라틴아메리카의 발전을**

---

* 브릭스BRICS는 경제적으로 빠르게 성장하는 브라질Brazil, 러시아Russia, 인도India, 중국China, 남아프리카공화국South Africa의 앞 글자를 따서 붙인 이름으로, 원래 경제적 용어로 불리던 말이었지만, 2006년을 기점으로 정식 국제협력기구를 부르는 별칭이 되었다. -옮긴이 주

저해한 심각한 문제였습니다. 지난 수십 년 동안 좌파 정부조차도 주로 1차 상품을 생산하고 수출하는 모델을 유지한 겁니다. 원자재를 수출하라는 중국의 유혹은 커졌고, 이에 저항했어야 하지만 그러지 못했죠. 대두, 철광석 등의 자원 개발에 집중한 거예요. 한편 중국이 제조한 엄청난 양의 제품을 매우 싼 가격에 수입하면서 지역의 기초 산업이 파괴됐죠. 이런 방식으로 라틴아메리카는 1차 상품 수출과 해외 공산품 수입에 의존하는 국가가 됐고, 자국 산업은 경쟁력을 잃어 성장할 수 없는 구조에 빠졌습니다. 이 현상은 라틴아메리카에서 수세기 동안 반복되어 온 문제이죠. 좌파 정부에서도 이런 불행이 계속됐어요. 어떨 때는 더 심화되기도 했습니다. 이 모든 문제가 심각하지만, 충분히 극복될 수도 있습니다.

경제적 측면에서 라틴아메리카와 동아시아를 비교하면 놀라운 차이가 드러납니다. 국제경제학자인 데이비드 펠릭스David Félix는 이에 관해 연구했습니다. 라틴아메리카는 동남아시아에 비해 엄청난 이점이 있으며, 객관적으로 보면 훨씬 앞서 있어야 마땅하죠. 라틴아메리카에는 풍부한 천연자원이 있지만 동아시아에는 없어요. 라틴아메리카에는 외부의 적이 없지만 동아시아에는 있습니다. 상당한 차이예요. 하지만 1950년대 이후 아시아에서 취해진 정책은 라틴아메리카의 정책과 매우 다릅니다. 라틴아메리카에서는 극소수에게 부를 몰아주는 전통이 계속 이어졌어요. 라틴아메리카의 수입품은 사치품 위주인 반면, 동아시아의 수입품은 주로 개발을 위한 자본재입니다. 동아시아에서는 자본의 해외 유출을 금지하지요. 한국에서는 이를 어기면 사형에 처해질 수 있어요.* 외국인 투자는 허용되지만 정부가 엄격히 통제하는 반면, 라틴아메리카에서는 외국 자본이 통제 없이 유입되어 가능한 한 모든 것을 약탈합니다.

여러분이 저보다 더 잘 아시겠지만, 라틴아메리카의 계급 구조는 엄청나게 불평등하지요. 부의 집중은 극단적이고요. **부유층은 세금을 회피하려고만 할 뿐 자국의 발전에는 전혀 관심이 없습니다. 그들은 부를 계속 늘리는 일에만 관심이 있습니다.** 동아시아에서는 이런 문제가 통제되고, 그 결과는 놀랍습니다. 예를 들어, 1950년대에 아프리카의 가난한 나라와 동등했던 한국은 오늘날 거대한 산업 강국이 된 반면, 라틴아메리카는 아니죠. 물론 21세기 초반에는 라틴아메리카에서도 중요한 변화가 있었어요. 다만 이런 변화는 더욱 심화되어야 해요. 라틴아메리카는 보다 평등하고 민주적인 지역으로 변모해, 스스로의 운명을 통제할 수 있어야 마땅하죠. 이미 IMF와 미군 기지를 축출한 일은 긍정적이긴 합니다만.

브라질을 한번 볼까요, 룰라의 정책은 1960년대 굴라르Goulart의 정책과 크게 다르지 않았습니다. 굴라르의 정책은 미국의 지원을 받아 추진된 군사 쿠데타로 이어졌습니다. 실제로, 케네디 대통령

---

* 이 부분은 촘스키 교수의 착각으로 보인다. 한국에서는 '특정경제범죄 가중처벌 등에 관한 법률'에 따라, 재산 국외 도피액이 50억 원 이상일 경우 무기 또는 10년 이상의 징역에 처한다. -옮긴이 주

때 브라질 대사인 링컨 고든Lincoln Gordon은 그 쿠데타를 "20세기 자유를 위한 위대한 승리"라고 불렀죠. 이는 미국의 전형적인 반응입니다. 그런데 룰라가 유사한 정책을 도입했을 때는 쿠데타가 일어날 수 없었어요. 미국이 내부 문제 탓에 1960년대에 비해 상대적으로 약해졌기 때문입니다. 라틴아메리카에서는 최근 몇 년간 일어난 정치적 변화로 인해 제국주의와 외부의 위협에 대한 저항도 더 강해졌지요. 이런 변화는 지역 협력과 연대를 통해 지속적으로 진전될 수 있어요. **라틴아메리카는 신자유주의의 억압에서 벗어나기만 한다면 세계적으로 중요한 역할을 수행할 잠재력이 있습니다.** 이미 어느 정도 진전이 있었고, 앞으로 더 많은 성과를 낼 수 있습니다.

* * *

촘스키— 최근 좌파 정부의 후퇴에 직면하여, 라틴아메리카는 앞으로 어떻게 될까요?*

무히카— 중요한 사회적 성과들, 예를 들면 노동권, 노동조합 운동의 보장, 노동자의 자위 수단 등 상대적이었지만 중요한 성과들이 위협을 받고 있지요. 제가 볼 때 오늘날 아메리카 대륙의 모든 국가에

---

* 이 대화는 2017년에 진행되었다.

서 그런 것 같아요. 자본과 국민소득을 둘러싼 싸움에서 좀 더 나은 위치를 점유할 수 있게 해주던 권리들이 변화하려는 움직임이에요. 아메리카 전역에서 이러한 성취들을 줄이고 후퇴시키려는 경향이 나타납니다.

촘스키 현재의 후퇴와 억압에 맞서 저항할 힘의 원천은 무엇이라고 생각하시나요?

무히키 내 생각에는 아마도 조금 더 고통을 겪을 것 같습니다. 어쨌든 근본적인 문제를 해결할 수 없기 때문에 저항은 계속될 겁니다.

촘스키 저항의 주요 잠재적 원천은 무엇인가요?

무히키 노동자와 청년들이죠! 현 단계에서 자본주의는 대학 교육을 받은 사람을 점점 더 많이 필요로 합니다. 그래서 학생들 사이에서 일어나는 투쟁이 저항의 중심이 될 수 있죠. 이는 자본주의 입장에서는 모순된 일입니다. 이런 일이 세계 곳곳에서 일어나요. 튀르키예에서도 일어나고, 일본, 유럽, 멕시코에서도 일어납니다.

촘스키 노동자 계급, 노동조합, 노동운동이 저항의 중심이 되고 있다는 징후가 보이나요?

무히카_ 물론이죠! 브라질에서도 그렇고 우루과이에서도 마찬가지입니다. 우루과이에서는 저항이 매우 강해요.[16]

촘스키_ 아르헨티나에서는 어떻습니까?

무히카_ 아르헨티나 역시 강력합니다. 다만 페론주의*라는 절충적인 전통이 있긴 하지만, 어쨌든 저항은 존재합니다.

촘스키_ 브라질, 아르헨티나, 우루과이 노동운동 사이에 일종의 상호작용이 있습니까?

무히카_ 우루과이와 브라질 노동운동 일부, 아르헨티나 노동운동 일부 사이는 관계가 우호적입니다.

촘스키_ 대통령으로 계실 때 이런 관계를 발전시키기 위해 노력하신 걸로 압니다.

무히카_ 당연히 그랬습니다. **남미에서는 통합 투쟁이 중요했습니다.**

---

* 아르헨티나의 정치 운동으로 강한 중앙 집중화된 정부와 권위주의적인 성향, 외세의 영향으로부터의 자유, 자본주의와 사회주의가 아닌 다른 방식의 경제 발전 추구, 민족주의와 사회민주주의의 통합이라는 특징이 있다. ─옮긴이 주

그 길은, 첫째는 대학과 지식인 통합이고, 둘째는 노동운동이며, 그 다음이 경제입니다.

촘스키_ 그러한 방향에 어떤 진전이 있었습니까? 아니면 단지 미래를 위한 열망에 불과했습니까?

무히카_ 우리는 지속적으로 관계를 유지하고 발전시키며, 서로를 지지합니다. 국제노동기구ILO 활동에 파견되는 우리 대표단은 조율되어 움직이고, 세계 곳곳에서 활동하죠. 예를 들어, 두 달 전에는 칠레에서 회의가 열렸어요. 우리는 라틴아메리카 모든 국가의 지지를 받아 ILO 사무국을 얻기 위해 분투 중입니다. 정책을 조율하려고 노력하지만 어려움도 많죠. 하지만 다른 방법은 없어요. 우리 노동운동은 정치적 당파에 종속되지는 않지만, 그렇다고 독립적인 것도 아닙니다. 즉, 좌파와 우파 사이에서 중립이 아니라, 좌파로서 명확한 입장을 갖고 종속되지 않으며 비전이 분명합니다.

촘스키_ 그렇다면 국가 간 통합은 어떤가요?

무히카_ 많은 어려움을 겪었지요. 각국 정부는 시급한 자국 문제들을 해결하느라, 통합 문제는 뒷전입니다.

촘스키_ 이 회귀 기간 동안 남미국가연합UNASUR(우나수르)과 라틴아메리카 및 카리브 국가공동체CELAC(셀락)의 미래에 대해 어떻게 생각하시나요?[17] 붕괴될까요, 유지될까요?

무히카_ 잠시 동결 상태로 있을 겁니다. 라틴아메리카에서는 기관을 만들고 방치한 채 새로운 기관을 만들곤 하죠.

촘스키_ 그럼, 기존 조직이 사라지고 그 자리에 새 조직이 나타날까요? 아니면 우나수르와 셀락이 다시 활성화될까요?

무히카_ 당분간 동결될 것으로 보입니다. 앞으로 어떻게 될지는 아메리카의 정치적 상황에 따라 달라지겠죠. 하지만 사라지지는 않을 겁니다.

촘스키_ 그 기관들이 현재 기능을 하고는 있나요?

무히카_ 어느 정도는 작동합니다. 관료적으로.

루시아_ 브라질 대통령 선거 결과에 따라 많이 달라질 거예요.*

---

* 2022년, 룰라Luiz Inácio Lula da Silva가 브라질의 대통령 선거에서 재선에 성공했다.

촘스키– 현재 브라질 상황이 좋지 않아 보입니다.

무히키– 브라질은 매우 복잡한 상황이에요.

촘스키– 룰라와 계속 연락하고 지내시나요?

무히키– 네, 최근 브라질에 다녀왔습니다. 상황이… 제 생각에는 룰라가 후보가 되지 못하게 전쟁을 벌이려고 하는 것 같더군요.

촘스키– 그건 당신의 의견이기도 해요, 발레리아.

무히키– 합법적인 방법을 찾아서 룰라를 막으려고 할 겁니다.

촘스키– 룰라는 과연 이 위기를 극복할 자신감이 있을까요?

무히키– 그는 전사 기질이 있어요. 포기하지 않고 계속 싸울 겁니다. 오히려 이런 상황이 그에게는 좋은 시간일 겁니다. 그는 투쟁으로 활력을 되찾거든요. 집권할 때 룰라는 관료들에게 둘러싸여 있었지만, 야인으로서 룰라는 민중과 자신의 국민에게 의지하죠.

촘스키– 그렇다면, 브라질에서는 어떤 일이 일어날까요?

무히키_ 모르겠습니다. 정말 어려운 문제입니다. 브라질은 매우 모순적인 나라예요. 내가 아는 건 룰라의 영향력이 엄청나다는 것뿐입니다.

촘스키_ 발레리아는 브라질을 매우 비관적으로 전망합니다만….

무히키_ 그래도 우파가 완전히 승리할 수는 없습니다. 왜냐하면 좌파도 마찬가지이기 때문이죠. 진자 운동처럼 왔다 갔다 합니다.

촘스키_ 브라질에서 또 다른 군사 쿠데타가 일어날 가능성이 있다고 생각하시나요?

무히키_ 가능성이 없습니다. 다만 판사들이 문제예요.

촘스키_ 오, [발레리아에게] 당신도 같은 생각이군요.

무히키_ 요즘에는 도덕적 기준이 판사들, 비정치적인 사람들에게서 나오니까요.

촘스키_ 발레리아도 그렇게 말했습니다.

무히카_ 저도 그렇게 봅니다만, 거기에도 뭔가 파시즘적인 면이 있어요.

촘스키_ 매우 적절한 말씀입니다.

무히카_ 도덕주의나 순수함을 말하는 보수주의자들 말입니다.

촘스키_ 노동자당PT은 진짜 기회를 희생했습니다. 그들이 또다시 부패, 경제계획 실패, 경제 다각화에 대한 무관심이라는 함정에 빠져 기회를 놓칠 가능성이 있다고 보시나요?

무히카_ 나는 현 단계에서 자본주의의 가장 핵심적 동맹은 그것이 만들어낸 문화라고 봅니다. 문화는 사회 깊숙이 스며들어 좌파 대중 속에도 내재되어 있거든요.

촘스키_ 그럼 대안이 없다는 말씀인가요?

무히카_ 대안이 생길 거라고 믿습니다. 모든 면이 그렇게 어두운 건 아닙니다. 왜냐하면 젊은 세대가 많고, 또 세상을 겪고 돌아온 사람들도 있으니까요.

촘스키_ 대안에 대한 대중적 인식이 있습니까? 대중 속에 그런 대안이 만들어질 수 있다는 인식 말입니다.

무히키_ 부분적으로는 있지요. 방향을 제시하는 흐름이 있습니다.

촘스키_ 브라질의 무토지 농민운동[18]이 교차적인 저항의 공간을 만들어낼 가능성은 어떻게 생각하시나요? 여기에 저항의 가능성이 있다고 보시나요?

무히키_ 네, 투쟁을 포기하지 않는 매우 흥미로운 운동이죠. 가장 진보적인 좌파 성향도 있습니다. 내가 보기엔 그들은 잘 자리 잡았고, 동원 능력도 있는 것 같더군요. 나는 모든 것이 패배할 거라고는 생각하지 않아요. 어려운 투쟁이라는 점도 알고 있죠. 그러나 아메리카는 훨씬 더 어려운 시기도 겪었습니다. 예를 들어, 독재를 피해 도망칠 때도 있었어요. 우리는 곤경에 처했을 뿐 길을 잃은 건 아니라고 생각합니다.

촘스키_ 그렇죠. 그건 확실합니다. 빈곤 감소와 교육 분야에서 룰라 정부가 이룬 성과가 지금의 퇴행 국면에서도 유지될 수 있을까요?

무히키_ 아니요, 지금은 퇴행될 겁니다. 고용안정, 노동권, 복지국가

등의 이슈에서 퇴행적인 경향이 나타나고 있어요. 이는 이미 전 세계적인 현상이죠. 유럽에서도 그렇고요. 이제 우리는 대격변의 시기를 맞게 될 겁니다. 프랑스의 마크롱 역시도 개혁이 쉽지 않을 거예요.

촘스키_ 몇 년 전만 하더라도 라틴아메리카는 전 세계적으로 희망의 등불이자 선도적 지역이 될 것처럼 보였습니다. 그래서 지금 라틴아메리카의 퇴행이 매우 심각한 현상이라고 느껴집니다. 지금껏 이룬 것을 회복하는 일이 매우 중요합니다. 지금까지, 잠시일지라도, 많은 것을 잃었기 때문에….

무히카_ 그렇습니다. 인간의 역사가 그런 것 같습니다. 좌파와 우파라는 개념은 프랑스 혁명 이후에 생긴 용어입니다만, 실제 인류 역사에는 균형적이고 문명적인 측면 한편에는 보수적인 측면도 늘 있었지요. 나는 이 싸움이 계속될 것이라고 확신합니다. 우리는 결코 100퍼센트 승리하지 못하겠지요. 하지만, 반대로 완전히 패배하지도 않을 겁니다. 우리는 계단을 겨우 몇 걸음도 오르지 못했어요. 아메리카에서 큰 혼란을 겪을 다음 타자는 아르헨티나입니다.

촘스키_ 아르헨티나요? 왜 그렇게 보시나요?

무히카 페론주의 운동은 매우 강해요. 사회적 기반도 탄탄합니다. 이들이 집권할 때는 분열하지만, 야권에 있을 때는 결집하고, 일단 결집하면 감당하기 힘들어요.

촘스키 아르헨티나 노동자들이 공장과 기업을 점거하려던 시도가 여전히 남아 있습니다. 이것이 실현되고, 앞으로 더 발전할 수 있을까요?

무히카 네, 네, 그렇습니다. 상황이 더 격해질 수 있어요. 우루과이에서는 그다지 극단적인 상황은 없을 겁니다. 우루과이는… 반동적이지 않아요. 완만한 구릉지대 같달까요… 모든 것이 부드럽고 더 온화합니다. [웃음]

시울 우리는 이제 라틴아메리카와 진보적 정부에 관해 이야기하고 있네요. 그들의 성과, 실수 그리고 미래….

무히카 내 생각에는 네스토르 키르츠너Néstor Kirchner, 우고 차베스 Hugo Chávez, 라파엘 코레아Rafael Correa, 에보 모랄레스Evo Morales 같은 이들의 역할이 아메리카의 미래에 중요하다고 봅니다. 특히 에보 모랄레스는 매우 훌륭한 행정가로 경제도 균형 있게 운영했어요. 그래서 볼리비아는 과거에 비해 크게 발전했죠.

촘스키_ 그게 지속 가능하다고 보시나요?

무히키_ 네, 물론입니다.

촘스키_ 콜롬비아의 다음 문제는 콜롬비아무장혁명군FARC의 존재로 어느 정도 보호를 받았던 지역 공동체들이, FARC가 반대하더라도, 콜롬비아 게릴라 전쟁으로 저지됐던 국제 광산 기업들과 거대 농업 기업의 침략에서 살아남을 수 있을지 여부입니다. 콜롬비아 남부에서 지역 공동체들과 함께 활동한 적이 있는데, 이 점이 매우 우려됩니다.

무히키_ 맞아요, 정말 위험합니다. 평화 과정에서 토지 정책과 농민 생활 증진이 수반되지 않는다면, 콜롬비아에 평화가 도래하기 매우 어렵습니다. 갈등이 계속되기를 바라는 이해관계가 얽혀 있기 때문이지요.

촘스키_ 저는 콜롬비아 남부의 라 베가에 위치한 매우 가난하고 외딴 공동체를 여러 번 방문했습니다. 마을 가까이에 작은 공동묘지가 있었죠. 준군사 조직에 의해 살해된 사람들이 묻힌 곳이에요. 그곳 사람들은 FARC를 또 다른 적으로 간주하지만, 광산 기업의 침입만은 막아 자신들의 자원을 보호하려고 노력합니다. 그런데 이들은 평화가 오면 오히려 대규모 다국적 기업의 침입을 막을 능력을 잃게 될까 봐 두려워합니다. 사실 이런 심각한 문제가 콜롬비아 곳곳에 있어요.

서울- 그렇습니다. 이러한 문제를 해결하려면 지역적이고 세계적인 차원의 합의가 필요합니다. 그렇다면 우리는 어떻게 그러한 합의에 도달할 수 있을까요?

촘스키- 지금 주어진 기회를 활용하면 된다고 생각합니다. 예를 들어, 라틴아메리카는 지난 10~15년 동안 좌파 정부들이 실질적인 진전을 이루며 지역적 합의를 위한 조치를 취해왔어요. 라틴아메리카에서 IMF를 배제하기로 한 결정은 매우 긍정적인 지역 합의였어요. IMF는 사실상 미국 재무부의 연장선이니까요. 미군 기지를 철수하기로 한 합의도 큰 성과였습니다. 셀락은 실제로는 잘 작동하지 않았지만, 아이디어는 매우 좋았어요. 라틴아메리카를 미국과 캐나다로부터 독립시키고, 이 지역에 실제로 필요한 프로그램을 발전시키자는 것이었으니까요. 이런 움직임은 앞으로도 확장될 수 있어요.

유럽연합도 여러 결함에도 불구하고 중요한 기여를 했습니다. 수백 년 동안 서로 전쟁을 벌이던 유럽 국가들이 서로를 파괴하지 않고 협력하는 건 처음이죠. 이는 결코 작은 변화가 아닙니다. 이러한 변화는 계속해서 발전할 수 있습니다. 이를 위해서는 대중의 헌신과 실천이 필요해요. 지구 온난화에 관한 파리기후협약을 예로 들어보겠습니다. 이 협약은 결코 충분하지 않습니다만, 지구적 문제에 대해 진지하게 대응하려는 최초의 글로벌 협약이에요. 위협적인 핵 실험을 금지한 포괄적 핵실험 금지 조약CTBT 역시 중요한 글로벌 협약이죠.

서울— 무히카 선생님, 지역 협약과 관련해, 특히 라틴아메리카 통합 과정을 어떻게 생각하시나요?

무히카— 나는 트럼프 대통령의 정책이 간접적으로 우리에게 조금 도움이 될 것이라고 봐요. 왜냐하면 그는 미국을 고립시키고 가두는 경향이 있기 때문입니다. 이는 유럽에도 영향을 줬어요. 유럽은 라틴아메리카와 가까워지려고 노력하고, 라틴아메리카도 서로 간의 관계를 강화하려는 경향을 보입니다. 이건 단지 좌파만의 문제가 아니에요. 거의 모든 국가의 공통 문제입니다. 중국의 존재 때문입니다. 중국의 수요와 구매력이 라틴아메리카에서 점점 더 강해지고 분명해지고 있어요. 우리에게는 기회이자 위험이기도 합니다.

촘스키— 정말 위험합니다!

무히카— 우리는 또 다른 접시(시장)가 필요해요. 유럽이 그 접시가 될 수 있습니다. 아프리카에도 관심을 가져야 하지요. 정말 주의를 기울여야 해요. 아프리카는 '화산'입니다! 좋은 의미로든 나쁜 의미로든, 모든 면에서요. 우리는 아프리카를 외면하고 살 수는 없어요. 브라질은 이 점을 깨닫고 아프리카에 신경을 쓰기 시작했습니다. 쿠바는 아프리카를 위해 피를 흘렸기 때문에 아프리카에서 믿을 수 없을 만큼 명성이 높습니다. 피델 카스트로의 장례식 때, 아프리카에서 온 대통령들 수가 인상적일 만큼 많았습니다. 작은 나라인 쿠바에 말이에요.

나이지리아는 지금의 성장률[19]이 이런 추세로 계속된다면 수년 내 중국을 따라잡을 수 있는 정도입니다. 거기 상류층은 영국산 고기와 프랑스산 치즈를 먹어요. 빌어먹을! 시장으로서 엄청난 잠재력이 있다는 뜻이죠. 우리는 마치 북미에만 유일한 시장이 있다고 착각하지만, 세계 다른 지역까지 넓게 봐야 합니다.

촘스키_ 라틴아메리카는 이미 그러한 위험을 겪었습니다. 브라질을 약화시킨 원인도 거기에 있지요. 중국이 원자재를 대량으로 사들이자, 브라질 노동자당PT은 방향을 심각하게 잃었습니다. 아르헨티나의 키르치네르Néstor Kirchner 정권도 마찬가지입니다. 경제를 다각화하는 대신 원자재 수출에 집중했어요. 값싼 공산품을 수입했고, 이 탓에 자국의 제조 산업은 무너지고 말았죠. 베네수엘라에서도 같은 일이 벌어졌어요. 그 결과, 지금은 경제 상황이 지난 10~15년간의 성장과 발전 시기 이전보다 더 원시적으로 돌아갔습니다. 이 모든 건 중국의 원자재 수요에만 의존해 자국 경제를 약화시킨 탓입니다. 반드시 극복해야 할 위험입니다.

무히카- 그래서 우리는 지역 간에 통합해야 하고, 다른 대안도 필요합니다.

촘스키- 물론입니다!

무히카- 맞습니다. 그게 지금의 위험입니다.

시울- 무히카 선생님, 어째서 통합이 이런 상황에 대한 대안이 될 수 있을까요?

무히카- 오늘날의 세계는 거대한 정치·경제 블록으로 구성되어 있어요. 세계를 다룰 수 있을 만한 규모를 반드시 갖추어야 하지요. 기술적 규모, 과학적 규모, 인구 규모 면에서 그렇습니다. 그래야 경쟁력을 갖출 수 있어요. 라틴아메리카는 출발선에 늦게 도착했고, 늘 뒤에서 쫓아가고 있어요. 우리는 힘을 모아야 합니다. 북미는 연구와 지식 분야에서 우리보다 훨씬 앞서 있어요. 그래서 우리는 라틴아메리카의 대학을 통합해야 하고, 지성을 통합해야 합니다. [시울을 바라보며] 여러분 세대 말이에요. 지성을 통합하지 않으면 라틴아메리카의 통합도 결코 이루지 못할 겁니다. 보세요, 아마도 지구상에 라틴아메리카만큼 잠재력이 높은 공통의 기반은 없을 겁니다. 우리는 거리상 엄청나게 떨어져 있고 또 차이도 크지만, 공통의 언어와 가톨릭교회의 역사를 가졌습니다. 나야 무신론자입니다만, 카톨릭은 라틴아메리카에 공통된 전통을 다졌습니다. 우리는 같은 언어를 쓰잖아요.

라틴아메리카처럼 공통 특성을 많이 공유하는 거대한 인간 집단은 없습니다. 이는 매우 귀중한 자산입니다. 중국도 5000년 제국이지만 이 정도의 전략적 자산은 없어요. 그들은 여러 언어를 사용해요. 불행한 가운데에서도 우리는 같은 언어를 물려받았지요. 물론 브라질의 포르투갈어는 다르긴 하지만, 천천히 말하면 그렇게 큰 차이는 없습니다. 우리에겐 사실 불리한 점도 많습니다. 우리의 의식 속에 상호 분열(발칸화)이 남아 있어요. 라틴아메리카가 탄생할 때, 각 항구가 개별 국가를 만들었기 때문이에요. 우리는 서로 먼저 연결되기도 전에 세계 시장과 연결됐습니다. 이 과정을 뒤집는 건 매우 지난한 문화적 전환입니다만 우리는 대학, 지식의 중심부에 초점을 맞춰야 합니다.

서울_ 저는 좋은 기회라고 생각합니다. 2018년과 지금의 세계 상황이 우리를 지역 통합 쪽으로 밀어붙이는 것 같아요. 적어도 우리에게 그 가능성의 빛을 보여준다고 생각합니다.

촘스키 혹시, 틀렸다면 정정해 주세요. 내가 아는 한 우나수르는 원자재 수출에만 집중하고 값싼 제조품을 수입해 자국 제조업을 붕괴시킨 문제를 결코 다루지 않았습니다. 이 문제가 논의되긴 했나요?

무히카 아니요. 담론은 많았지만 정책은 없었습니다. **정부는 늘 다음 선거에서 누가 이길지에만 신경을 씁니다. 라틴아메리카 정부들은 단기적으로만 볼 뿐, 중장기적으로 중요한 것이 무엇인지 보지 못하는 경향이 있어요.** 중국인들과는 달라요. 서두르지 않고 모든 것을 멀리 내다보는 중국인들과 우리는 아주 거리가 멀어요. [비꼬듯이 웃음]

　지역 통합 과정에 핵심적인 네 나라가 있습니다. 브라질, 멕시코, 아르헨티나, 콜롬비아입니다. 아르헨티나는 인구가 그리 많지 않지만 아주 풍요로운 나라입니다. 놀랄 만큼 풍요롭죠. 경제학을 배울 때 세계경제를 공부해야 하지만, 아르헨티나를 이해하려면 완전히 다른 경제를 공부해야 하죠. 아르헨티나의 산타페에 가면 1등급 토양이 900만 헥타르나 있어요. 이 땅은 석유보다, 아니 그 어떤 것보다 더 가치 있는 자산이지요. 비옥한 흙이 2미터 넘게 쌓여 있는 평평한 토양이 고갈되지 않을 만큼 무궁무진합니다. 이 토양 덕분에 아르헨티나가 방만하게 경영했어도 버틸 수 있었어요. 지금은 3억

명이 먹을 식량을 생산하지만, 10억 명 분도 거뜬히 생산할 수 있습니다. 리오 데라플라타 지역에는 유명한 일화가 있습니다. 신이 아르헨티나를 만들면서 너무 많은 것을 줬더니, 베드로가 "잠깐만요. 너무 많이 퍼주는 거 아닙니까?"라고 했다는군요. 그러자 신이 이렇게 대답했다죠. "걱정하지 말거라. 거기엔 아르헨티나 사람들을 배치할 것이다." [모두 웃음]

콜롬비아에는 가난한 농부가 1200만 명이나 있습니다. 2200만 명의 노동자 가운데 100만 명만이 운 좋게 연금 생활을 할 수 있어요. 토지의 60퍼센트는 등기가 되어 있지 않아요. 초콘도[20]처럼 세계에서 비가 가장 많이 내리는 지역도 있습니다. 그곳은 거대한 온실이죠. 생명으로 넘쳐납니다. 햇빛이 바닥까지 닿지 못하는 숲도 있어요. 그 자체로 생명의 요람입니다! 하지만 그만큼 엄청난 도전도 있습니다. 게릴라가 겪는 가장 큰 고충이 총알이 아니라 해충인 지역도 있어요. 항생제 같은 것이 필수예요. 모든 차원에서 생명이 넘치는 땅, 그게 바로 우리 아메리카입니다.

시울_ 분명히 그렇습니다. 저는 특히 멕시코와 브라질을 많이 염려하고 있습니다.

무히카_ 그럴 수밖에 없어요. 그곳들은 내 오래된 근심거리입니다. 대통령 시절에는 항상 그곳들을 생각했어요. 페냐 니에토가 막 취임했을 때 함께 식사한 적이 있었죠. 그는 칠레에 왔다가 여기 우루과이로 왔어요. 음, 나는 그에게 브라질과 좀 가까워지라고 말하며 그를 불편하게 했어요. 브라질 쪽에도 나는 멕시코를 그만 좀 의심하라고 말해서 그들의 마음을 불편하게 했죠. 멀어지면 멀어질수록 사이는 더 나빠집니다. 그러니 멕시코, 진짜 불행하죠! 포르피리오 디아스Porfirio Diaz가 한 말은 여전히 유효합니다. "하나님과는 거리가 멀고 미국과는 너무나 가깝습니다." 제발! 멕시코는 죽어나가고 돈은 전부 북쪽(미국)으로 흘러갑니다. 마약 시장이 바로 거기에 있으니까요!

시울_ 무히카 선생님, 멕시코의 좌파를 어떻게 보시나요?

무히카_ 멕시코의 좌파? 로페스 오브라도르López Obrador를 말하는 건가요?

시울_ 그가 기존 좌파 정당들을 밀어낸 건 잘한 일이라고 생각해요. 그들은 단지 우파에게 놀아났을 뿐이니까요. 2012년과 2006년 선거를 보면, 민주혁명당PRD 같은 '동맹' 정당들은 골칫거리였습니다. 나는 로페스 오브라도르가 새로운 세력이 필요하다는 점을 깨닫고, 자신의 당인 국가재건운동당Morena을 창당했다고 생각합니다. 잘한 선택이죠. 지금 보면, 기업들이나 언론들조차 그가 당선될 것 같다고 예측합니다.

무히카_ 트럼프 효과도 로페스 오브라도르에게 도움이 될 겁니다. 그쪽으로 밀어주고 있어요.

시울_ 맞아요, 페냐 니에토도 그래요.

무히카_ 정말 그렇죠. 그 양반이 사고를 얼마나 많이 쳤는지…!

시울_ 로페스 오브라도르는 멕시코에서는 보기 드문 세 가지 장점이 있어요. 정직하고, 헌신적이며, 경험이 풍부하죠. 그렇다고는 해도 저는 그 사람이 절대적인 해결책이 될 거라고는 생각하지 않습니다. 절대 그럴 수 없어요.

무히카_ 어떤 사람도 혼자서는 절대 안 돼요!

시울_ 혼자 모든 걸 해결할 수 있는 사람은 없습니다. 멕시코의 큰 문제는 로페스 오브라도르가 말했듯이 부패입니다. 하지만 제가 볼 때 멕시코를 비롯한 모든 곳에서 가장 중요한 문제는, 사람들이 결정에 참여할 수 있게 만드는 일입니다. 우리가 계속 얘기했지만, 사람들의 참여와 집단적 자기결정권을 확대해야 해요. 제가 관심을 집중하는 부분이 바로 이겁니다. 로페스 오브라도르는 세 가지 장점 덕분에 크게 나아갈 수 있으리라 생각합니다. 어떻게 될지는 지켜봐야죠. 그런데 그가 이 점을 이해하지 못하고, 그와 좌파 전체가 '결정권을 국민에게 넘기는 전략'을 중심에 두지 않는다면, 설령 선거에서 이기고 진보적인 대통령이 나오더라도 실제로는 아무것도 바뀌지 않을 거예요. 게다가 진보적인 대통령이 멕시코 역사에서는 예외적이며, 주기적으로 우파 정권이 돌아와 수십 년 동안 집권하니까요. 현재 멕시코 유권자들 사이에 전례 없고 흥미로운 요소는, 이제는 모두가 제도혁명당PRI과 국민행동당PAN이 사실상 같다는 사실을 알게 됐다는 점입니다. PRI가 70년을 집권했고, 그 뒤로 PAN이 두 차례 집권했으며, 페냐 니에토가 PRI로 다시 돌아왔습니다. 유권자들이 처음으로 둘이 똑같다는 사실을 확실하게 깨달았어요. 여기에다가 트럼프, 페냐 니에토, 멕시코 페소화 폭락, 마약 카르텔의 폭력, 극심한 부패….

무히카_ 정말 심각합니다.

서울_ 하지만 이제 멕시코는 확실히 변할 것 같습니다. 어떤 일이 일어날 거예요.

무히카_ 네, 뭔가 일어날 겁니다.

시울_ 룰라와 오브라도르가 협력할 가능성이 있다고 보시나요?

무히카_ 가능하다고 봅니다. 중요한 문제예요. 거기에 우리의 미래가 달려 있습니다. 나는 룰라와 절친한 친구예요. 로페스 오브라도르는 모르지만요. 2016년 10월 내가 멕시코에 있었을 때는 개입하고 싶지 않았죠. 지금(2017년 1월)과 같은 상황이 아니었기 때문입니다. 현재 멕시코는 훨씬 더 양극화되어 있습니다. 급속도로 악화되고 있어요.

시울_ 분노가 극에 달한 상황입니다.

무히카_ 멕시코 문화에는 인상적인 특징이 하나 있어요. 다양한 사람을 받아들이는 전통입니다. 그 사람이 어디에서 왔든 상관없어요. 카르데나스Lázaro Cárdenas del Río 대통령이었나요? 스페인 사람 백만 명을 받아들인 역사가 있죠. 문화적 상징으로 남아 있어요. 독재 시절에 멕시코에 살았던 우리 동포가 많았습니다. 멕시코인은 그들을 흠잡을 데 없이 대했습니다. 다만 한 가지 조건이 있었죠. "멕시코 정치에 개입하지 말라." 존중하고 보호해 주지만 정치에는 관여하지 않기를 원해서, 나 또한 거리를 두려고 노력했어요.

시울_ 하지만 펠리페 칼데론Felipe Calderon은 어떤가요? 그 사람은 베네수엘라든 어디든 가서 다 개입했습니다.

무히카_ 그 사람은 다 끼어들었죠. 맞아요. 사람은 어느 시점까지는 중립적일 수 있지만, 시간이 지나면 그것도 끝나요. 나 역시 브라질 정치에 관여하고 싶지 않지만, 룰라와는 친구 관계입니다. 거짓말처럼 들릴지 모르겠지만, 나는 멕시코인들을 존경해요. 미국에 사는 라틴아메리카 사람들 가운데 자기 정체성을 가장 잘 지키는 사람들이 멕시코인이기 때문이죠. 아마 아스테카의 유산이지 싶은 뿌리 깊은 원주민 문화 덕분일지도 모르겠습니다. 멕시코에는 강력한 문화가 있어요. 어떤 어려움에도 지켜지는 멕시코만의 고유한 정신이 있지요. 미국이 멕시코를 얼마나 미국화했든, 멕시코는 여전히 멕시코입니다. 그래서 포르피리오가 이렇게 말했죠. "가엾은 멕시코여! 하나님과는 거리가 멀고…"

서울_ "…미국과 너무나 가깝습니다."

무히카_ 역사적으로 미국이 멕시코에서 자행한 일은 너무 야만적입니다. 멕시코인이라면 잊을 수 없어요. 하지만 우리가 도울 수 있는 일은 도와야죠.

트럼프가 장벽을 쌓고 싶어 한다는데, 그렇죠? [웃으며] 최근 티후아나에 갔더니 그곳 사람들이 이렇게 말하더군요. "우리가 장벽을

세우고, 돈도 우리가 지불할 수 있다. 하지만 옛날 국경선에 세우겠다." [모두 웃음]

시울- 아, 그거 좋네요. 정말 천재적인 생각이에요!

무히카- 티후아나의 마킬라도라(국경 산업단지)에서는 노동자들의 하루 급여가 3달러 50센트입니다. 미국 노동자들이 받는 시급의 반도 안 되는 금액이에요. 빌어먹을!

시울- 멕시코는 최저임금이 라틴아메리카에서 두 번째로 낮을 거예요. 멕시코 국민은 너무 큰 고통과 괴로움 속에서 억압받고 있기에, 지금은 바닥에 이른 상황입니다.

무히카- 이 모든 게 샌더스에게도 중요합니다. 2035년쯤 되면 미국은 세계에서 가장 큰 스페인어 사용 국가가 될 테니까요. 북미에서는 라틴계 인구의 '출산 전쟁'이 벌어지고 있습니다.

시울- 그 전쟁에서는 우리가 이기고 있군요.

무히카- 유럽에서도 똑같은 상황이 벌어질 거예요. 유럽도 결국 '카페라테'(다인종)가 될 겁니다. [웃음] 흑인을 배척하고 있지만, 뜻대로 안 될 겁니다.

서울– 라틴아메리카에는 젊은 노동력도 있고, 6억 명이 넘는 인구에다가 풍부한 천연자원이 있습니다···.

무히카– 우리에겐 엄청난 자원이 있어요! 우루과이 인구는 350만 명밖엔 안 되지만, 3000만 명이 먹을 식량을 생산합니다. 그것도 대충해서 그렇지 더 많이 생산할 수도 있어요. 물론 힘들고 대격변과 많은 고통이 따르겠지만, 희망도 있습니다. 분명 희망이 있어요.

서울– 왜냐하면 헌신적인 사람들이 있기 때문이죠. 무히카 선생님, 이런 건 젊은 세대도 알아야 합니다. 라틴아메리카 통합은 그냥 저절로 이뤄지는 게 아니니까요.

무히카– 그럼요, 저절로 되지는 않습니다! 라틴아메리카 통합을 이야기할 때, 우리는 복잡하지만 시급한 지정학적 대격변을 논해야 하니까요.

* * *

서울– 촘스키 교수님, 이러한 국제 정세 속에서 멕시코와 라틴아메리카의 상황 전반에 대해 어떻게 보시나요?

촘스키_ 글쎄요, 나 역시 포르피리오 디아스의 말이 여전히 유효하다고 믿습니다. 멕시코는 미국과 너무 가까워 NAFTA에 통합됐죠. 그 뒤로 라틴아메리카에서 사실상 가장 낮은 성장률을 보이고 있어요. 농업 부문은 예상대로 초토화됐고, 그 결과로 많은 사람들이 열악한 생활 조건을 피해 이주했습니다.

멕시코의 마약 문제는 미국에서 시작됐습니다. 마약 수요와 무기 공급이 대부분 미국에서 비롯하지만, 멕시코가 망가지고 있습니다. 미국이 주도하는 마약과의 전쟁은 라틴아메리카 전역, 특히 멕시코에 엄청난 피해를 입히고 있어요. 마약과의 전쟁이 끝나지 않으면 멕시코는 매우 심각한 문제에 처하게 될 겁니다. 라틴아메리카 국가들은 지역 정상 회의에서 미국이 주도하는 마약과의 전쟁에서 벗어나려는 노력을 보여줬습니다. 우루과이는 무히카 정부 시절 마리화나를 합법화하는 등 중요한 조치를 취했어요. 다른 나라들도 뒤따르고 있지만, 멕시코는 이런 움직임에 동참하지 않았죠. 하지만 멕시코도 동참해야 합니다. 물론 멕시코는 내부적으로 많은 문제가 있습니다. 하지만 극복할 수 없는 건 아닙니다. 비록 매우 힘들겠지만 말이죠.

유럽, 러시아에서는 멀고 미국과는 가까운

무히키_ 내가 지금 가장 두려운 사실은, 유럽이 스스로 결정할 능력을 상실하고 무기력함에 빠져버렸다는 점입니다.* 정말 믿을 수가 없어요. 예전의 보수파들, 예를 들면 드골Charles de Gaulle 같은 인물은 유럽이 우랄산맥까지 확장된다고 보았는데…. 당연히 유럽의 평화에는 러시아가 포함돼야죠. 러시아를 배제하면 안 되는데 유럽은 정반대로 갔어요. 러시아를 중국 쪽으로 밀고 있죠. 지정학적 관점에서 보면 유럽은 '도둑'입니다. [웃음] 도둑…. 이건 원칙의 문제가 아니라, 이해관계의 문제를 말하는 겁니다.

촘스키_ 하지만 앞으로 더 급격한 변화가 올 테죠. 부분적으로는 우크라이나 전쟁의 결과로 세계 질서가 재편되고 있습니다. 자세히 살펴보면, 1945년 이래 세계 질서 속에서 유럽의 역할은 계속 선택의 기로에 놓였습니다. 유럽은 국제 체제에서 제3의 주체가 될 것인가, 아니면 NATO 동맹 내에서 미국에 종속된 채로 남을 것인가? 드

＊   2022년 발언.

골은 유럽의 자주성을 옹호했지만, 늘 미국의 힘에 압도당했어요. 소련이 붕괴된 이후에는 이 문제가 더욱 중요해졌지요. 고르바초프는 유라시아의 평화롭고 협력적인 발전을 위해, 리스본에서 블라디보스토크까지 이어지는 '유럽 공동의 집'을 구상해 러시아와 동유럽 국가들을 동등한 파트너로 삼자고 주장했습니다. 하지만 클린턴 이후 미국은 NATO 확장을 추진했죠. 우리가 현재 보고 있는 우크라이나 전쟁의 기원입니다. 푸틴 대통령은 범죄적이고 어리석은 판단을 내려, 유럽을 완전히 미국의 품에 안겨버렸어요. 그 결과 NATO는 더욱 강화되고 말았습니다.

그런데 이 모든 일은 유럽에 큰 문제를 일으킬 겁니다. **유럽은 계속해서 워싱턴의 결정에 의존한다면 심각하게 쇠퇴할 겁니다.** 유럽의 쇠퇴는 이미 시작됐죠. 하지만 중국으로의 막대한 수출을 유지하면서, 러시아와 유라시아 자원에 접근하기 위해 다른 방식으로 적응하려는 유혹 또한 커지고 있습니다. 결국 유럽은 곧 결정을 내려야 해요. 미국의 위성국으로 쇠퇴할 것인지, 아니면 유럽 공동의 집으로 재편할 것인지. 이 결정은 분명 향후 세계 질서의 핵심 요소가 될 겁니다.

무히키_ 나도 유럽의 정치적 쇠퇴에 놀랐습니다. 유럽의 오래된 보수주의자들에게, 사람들이 말하듯이, 이른바 "향수"를 느낄 정도예요. 적어도 그들은 더 멀리 내다보고, 어느 정도 품위라도 있었죠.

드골처럼요. 그는 유럽이 우랄산맥까지라고 보았고, 평화 과정에는 필연적으로 러시아도 유럽의 일부로 포함해야 한다는 점을 이해한 사람이었습니다. 그러나 NATO는 바르샤바 조약*을 파기하는 어리석은 짓을 저질렀어요. 장기적인 정치적 전망을 전혀 고려하지 않았죠. 이 모든 것의 배후에는 미국이 중국에 패권을 빼앗길까 두려워하는, 일종의 패권 다툼이 있다는 게 제 생각입니다.

＊ 1955년 5월 동유럽 진영이 서유럽 진영의 공동 방위 기구인 NATO에 대항하기 위하여 체결한 상호 우호와 협력에 관한 조약으로, 이 조약에 따라 소련을 중심으로 동유럽의 공동 방위 기구인 '바르샤바 조약 기구'가 창설된다. 소련, 동독, 폴란드, 헝가리, 루마니아, 불가리아, 알바니아, 체코슬로바키아 등 8개국이 참여하였다. 1968년에 소련과의 갈등으로 알바니아가 탈퇴하였고, 이후 소련과 동유럽의 자유화에 따라 1991년에 기구는 해체되었다. -옮긴이 주

중국, 미국 패권의 종말인가

무히키－ 최근 중국에 다녀왔습니다. 완전히 다른 중국이더군요.

촘스키－ 2년 전에 나도 가봤는데, 아직도 많이 빈곤했어요.

무히키－ 맞아요, 내륙 지역은 여전히 가난합니다.

촘스키－ 엄청나게 발전했는데도 여전히 상대적으로 가난한 나라입니다. 생태 문제도 심각하고요.

무히키－ 담수가 부족하고 오염이 심하죠. 석탄도 많이 사용하고요.

촘스키－ 중국은 매우 구체적인 개발 계획을 따르고 있지만, 큰 어려움도 겪고 있습니다.

무히키－ 중국인들은 정말 끈질긴 사람들이죠.

촘스키_ 베이징에 있었는데, 매일 새로운 초고층 빌딩이 세워졌습니다. 하지만 시골로 깊이 들어가 보면 여전히 매우 가난하다는 사실을 알 수 있죠. 중국은 중앙아시아에서 유럽에 이르는 매우 야심찬 개발 프로젝트를 진행 중이에요. 지정학적으로 매우 중요한 사안이 될 겁니다. 반면, 남중국해 분쟁은 매우 위험해질 수 있어요. 여기에는 간단한 해결책이 없습니다. 제국주의 시기에 확립된 바다의 통제권을 둘러싼 분쟁이니까요. 일본은 제국주의 시절부터 태평양과 남태평양의 상당 부분을 통제해 왔습니다. 물론 미국도 많은 부분을 장악하고 있죠. 중국은 자국의 주변 해역을 통제하려고 합니다. 아마 이건 해결하기 매우 어려운 갈등이 될 거예요.

무히키_ 위험한 분쟁 지역이 또 있습니다. 티베트 고원에서 물을 두고 벌어지는 분쟁입니다. 그 물은 갠지스강, 메콩강, 황허강으로 흘러요. 담수를 두고는 큰 분쟁이 벌어질 수 있어요. 매우 위험해요. 중국은 사막과 베이징으로 물을 끌어오기 위해 대규모 사업을 벌이고 있습니다.

촘스키_ 히말라야가 인도의 담수 공급원이기도 합니까?

무히키_ 물론이죠. '제3의 극지'입니다.

촘스키_ 히말라야 만년설이 녹으면 아시아 전체에 큰 문제가 될 수 있겠군요.

무히키_ 그러니까, 아시아는 물론이고 인류 전체죠.

촘스키_ 특히, 같은 수자원을 공유하는 인도와 파키스탄을 놓쳐선 안 되겠습니다. 양국 모두는 핵무기 보유국이니까요.

무히키_ 수천만, 아니 수억 명이 그곳에 있습니다.

루시아_ 그리고 베트남도요. 베트남 역시 관련되어 있어요.[21]

1 2012년 5월 멕시코시티 레포르마 거리에서 'Yo Soy 132'(나는 132번째다) 행진.
ⓒ 《레포르마*Reforma*》 도시 섹션

2 영국 런던 주재 에콰도르 대사관에서 'Yo Soy 132' 운동을 지지하는 줄리언 어산지.
ⓒ 《라 호르나다*La Jornada*》, Cristina Rodríguez

3 남쪽을 향해,
아마존 강위를 날아가며. 2013.

4 높은 곳을 향해,
볼리비아 안데스 산맥을 오르며. 2014.

5 더 깊은 곳으로,
에콰도르 우르쿠키 마을 교외에서. 2015.
ⓒJorge Andrés Gómez Valdez

150

6 ▮▮▮ 버트런드 러셀의 초상화와 그의 명언. 오스카 로메로 대주교의 명언과 시인 타고르의 초상화 그리고 사파티스타 인형도 보인다. MIT 노엄 촘스키의 사무실에서. 2016년 10월. ©María Ayub

7 ▮▮▮ MIT 사무실에 있는 노엄 촘스키의 책상. 2016년 10월. ©María Ayub

8 ▮▮▮ 노엄 촘스키와 사울 알비드레스. 노엄 촘스키의 사무실에서. 2016년 10월. ©María Ayub

9-11 우루과이 링콘 델 세로에 있는 호세 무히카의 집. 2017년 1월 12일. ©Emiliano Mazza De Luca

14-15 노엄 촘스키와 발레리아 와서먼이 호세 무히카의 집에 도착. 2017년 7월. ©María Secco

16-17 호세 무히카가 노엄 촘스키에게, 체 게바라가 볼리비아에서 체포되어 암살당할 당시 지니고 있던 일기의 사본을 선물하고 있다. 2017년 7월. ⓒMaría Secco

18 무히카는 촘스키와 발레리아를 이웃 바렐라 가족의 곁채로 데려갔다. 보통 그곳에서 초대 손님들을 맞이하고 전통 요리 아사도를 대접한다. 2017년 7월. ©María Secco

19-20 아사도를 먹기 전, 촘스키와 무히카가 마무리 짓지 못한 이야기를 나누고 있다. 2017년 7월. ©María Secco

26

27

26-27 천마디 말보다 더 많은 말을 하는 눈빛이 있다. 바렐라 가족의 곁채에서. 2017년 7월. ©María Secco

28

29-30 대화를 통역하고 이끌면서. 바렐라 가족의 곁채에서. 2017년 7월. ©María Secco

바렐라 가족의 곁채에서. 2017년 7월. ©María Secco

33-35 루시아, 발레리아, 촘스키, 무히카의 셀피. 바렐라 가족의 곁채에서. 2017년 7월. ©María Secco

36 바렐라 가족의 곁채에서. 2017년 7월. ©María Secco

37

38

168

45

46

174

45 동시통역 시스템을 준비하며, 몬테비데오 시청에서 열린 노엄 촘스키 콘퍼런스. 우루과이. 2017년 7월. ©María Secco

46-47 몬테비데오 시청에서 열린 노엄 촘스키 콘퍼런스. 우루과이. 2017년 7월. ©María Secco

47

48-51 몬테비데오 시청에서 열린 노엄 촘스키 콘퍼런스. 우루과이. 2017년 7월. ©María Secco

52-55 로저 워터스, 호세 무히카, 노엄 촘스키, 사울 알비드레스의 온라인 모임(줌). 2022년 8월.

회보: 장면들   179

56 　콘서트가 끝난 후 멕시코시티에서 로저 워터스와 함께. 2022년 10월. ©Julio Morales

57 　가브리엘 십튼, 존 십튼(줄리언 어산지의 동생과 아버지)과의 잊지 못할 대화. 멕시코시티 힐튼 호텔. 2022년 9월. ©María Ayub

180

3
21세기를 위한 가치

사랑과 생명

시울– 교수님, '잘 산 삶'이란 교수님께 어떤 의미인가요?

촘스키– 글쎄, 오마르 하이얌Omar Khayyam이 말한 "빵 한 덩이, 와인 한 잔 그리고 그 사람"으로 대답을 시작할 수 있겠군요. [발레리아를 껴안으며 미소 지음] 여기에서부터 이어지는 거예요.

시울– 무히카 선생님, 사랑이란 무엇인가요?

무히카– 사랑이라… 글쎄요, 내 나이쯤 되면 사랑은 달콤한 습관이에요. 포근하고 위안이 되는 습관 말이죠. 모든 게 그렇듯, 마찬가지로 사랑도 나이에 따라 달라진다고 봅니다. 시간은 모든 것에 작용하니까요. 우리를 찾아온 사랑은 변화합니다. 어릴 때 사랑은 화산 같고, 내 나이엔 달콤한 습관 같아요. 겉으로는 중요해 보이지 않는 일상적인 것들에 익숙해지는 거죠. 하지만 결국 그런 익숙함만이 유일하게 중요한 것이죠. [루시아와 함께 미소 지음]

시울_ 촘스키 교수님께서는 사랑에 대해 어떻게 생각하시나요?

촘스키_ 나는 '시간이 지나면 사랑이 변한다'는 말을 믿지 않아요. 고전으로 돌아가 호메로스를 보면, 그리스인들은 헬레네를 빼앗겼기 때문에 전쟁에 나섰어요. 페넬로페는 오디세우스가 돌아올 때까지 10년 동안 융단을 짰습니다. 때로는 자신이 무언가를 기다린다는 사실을 모르고 기다릴 수도 있습니다. 나 역시 발레리아가 나타날 때까지 수년을 기다렸다가 갑자기 새로운 종류의 사랑을 만났죠. 나는 사랑이 영원하다고 믿습니다.

시울_ 두 분은 2014년부터 함께하신 거죠?

발레리아_ 2013년이에요.

촘스키_ 87세에 사랑을 찾을 수 있음을 증명하는 사례죠. [모두 웃음]

발레리아_ 아니에요. 그때 당신은 84세였어요. [웃음]

촘스키_ 아, 맞아요! [미소 지음]

루시아_ 우리 친구 중에는 94세에 사랑을 찾은 인류학자도 있어요. 그분은 나에게 이렇게 이메일을 보냈어요. "봄이 왔습니다!" [모두 웃음] 그분을 초대했지만 약속이 있어서 오지 못했어요. 정말 특별한 분이에요.

무히카_ 정말 대단한 친구예요. 이름이 다니엘 비다르트 Daniel Vidart 입니다. 인류학자인데, 거의 두 달에 한 권씩 책을 내고 있습니다.

루시아_ 비다르트 교수는 젊었을 때는 몇 년 단위로 계획을 세웠다고 합니다. 나이가 들면서 몇 달 단위로 계획을 세웠고, 지금은 날마다 계획을 세운다네요. [모두 웃음]

촘스키_ 내 경우에는 조금 다릅니다. [발레리아의 손을 잡고] 언젠가는 내 인생이 끝날 거라고 생각했는데, 이제는 영원히 살 생각이에요. [모두 웃음]

시울_ 무히카 선생님, '삶에 의미를 부여한다'는 게 무슨 뜻인가요?

무히카_ 인간이 다른 동물과 구별되는 작은 차이는, 인간은 어느 정도 자신의 삶에 의미와 방향을 부여할 수 있다는 점입니다. 우리의 존재 이유도 바로 그 기회 때문이죠. 삶에 의미를 부여하고 방향을 제시하는 것. 우리가 그걸 하지 않으면, 삶은 자본에 조종당할 겁니다. 그러면 딜레마에 빠지겠죠. 우리는 더 나은 세상이 오기를 기다려서는 안 됩니다. 더 나은 세상을 만들기 위해 싸워야 해요. 더 나은 세상은 가능합니다.

하지만 그 전에, 우리 각자 내면에 더 나은 세상을 만들어야겠죠. 바로 자기 삶의 주인이 되는 것입니다. 다른 누군가가 자신의 삶을 조종하도록 내버려 두지 않는 것이에요. 그렇다고 권력을 잡겠다거나 소유 구조를 바꿀 필요는 없습니다. 우리 머릿속에서 싸워야 해요. 가능합니다. 이게 젊은이들에게 전해야 할 가장 강력한 메시지라고 봐요. **세상을 바꿀 수 없다면, 자신을 바꾸고 지배당하도록 두지 마세요. 그 정도면 충분합니다.**

왜 그래야 하냐면, 결국 가장 큰 기적은 삶이기 때문입니다. 보세요, 나는 젊었을 때 휴머니스트였어요. 인간의 삶이 중심이라고 믿었죠. 하지만 나이가 들면서는 그렇게 인간 중심적이지 않아요. 지금은 '삶 그 자체'를 사랑합니다. 작은 풀 한 포기의 삶, 개미의 삶, 바퀴벌레의 삶…. 삶은 무생물과 우리를 구별하는 차이니까요. 우리는 생명의 세계에 속해 있어요.

결국 이건 철학적인 질문이군요. '삶의 의미는 무엇인가?' 그저

'진보'라는 사다리를 타고 올라가면서 무슨 일이 일어나든 내버려 두는 것? 아니면 인간의 행복을 배가하는 데 도움이 되도록 '진보'에 필사적으로 개입하는 것? 이게 핵심입니다. 언젠가 당신도 나이가 들겠죠. 그때 거울 앞에서 이런 질문과 마주할 겁니다. "나는 내 자신을 배신하면서 인생을 보냈는가?" 즉, 평생 청구서나 지불하며 혼란스럽게 인생을 보냈거나, 마케팅에 휩쓸려 소비주의 사회에 떠밀려 살면서 그걸 진보라고 착각한 건 아닌가. 그게 아니면, 내 삶의 방향을 내 스스로 선택했는가. 본질은 후자입니다. 어쩌면 세상을 바꿀 수 없을지도 모르죠, 하지만 적어도 세상의 흐름에 휩쓸리지 않고 그 속에서 걷는 법을 배울 수 있습니다.

시울_ 삶과 청년에 관련해서, 자살과 우울증은 저희 세대가 직면한 위기입니다. 통계 수치는 충격적입니다. 청년 대부분이 만성 불안을 안고 살아갑니다. 이에 대해 어떻게 생각하세요?

무히카_ 정말 모든 생명체는 살고자 하는 본능을 지니고 있습니다. 인간에게는 '의식'이라는 특권이 있지만 본질적으로 다른 생명체와 다르지 않아요. 우리 역시 살려고 애쓰죠. 가장 큰 기적은 '우리가 존재한다는 사실'임을 깨달아야 합니다. 무無의 세계에서 태어나 무의 세계로 돌아가겠지만, 이 짧은 삶이야말로 진정한 모험임을 깨달아야 해요. 모든 고통에도 불구하고, 삶이라는 모험보다 더 값진 건 없습니다. 그런데 우리는 자꾸만 옆으로 눈을 돌립니다. 우리는 사회적 동물이기 때문에 사회적 관계에서 실패하거나 어려움을 겪으면 패배한 것처럼 느끼죠. 하지만 실제로는 삶에서 결정적인 승리 같은 건 없어요. **진정한 승리가 무엇인지 아십니까? 넘어질 때마다 일어나 다시 서는 겁니다.**

삶에서 가장 경이로운 건 삶의 여정입니다. 삶의 여정 그 자체가 가장 값진 상이죠. 자연은 우리에게 살아가도록 설계했는데, 우리 스스로 삶을 포기하는 건 모순된 일입니다. 그건 마치 우리 내면에 침투한 병과 같아요. 오늘날 이 병은 사람들 속에 점점 더 많이 퍼지고 있어요. 왜 그럴까요? 경쟁해야 하고, 성공해야 하며, 축적해야 한다는 압박 속에서 살기 때문이죠. 결국 우리 모두가 도달하는 곳은 같습니다. 죽음. 때때로 군중 속에서 엄청난 외로움을 느끼며 나타나는 그런 광기 탓에 사람들이 삶을 거스르는 결정을 내리는 겁니다.

하지만 그건 핑계예요. 그렇게 되어서는 안 됩니다. 보세요, 사울. 나도 참 빡빡한 시절을 보냈어요. 책도 읽지 못한 채 감옥에서 7년을 보냈죠. 밤에 바닥에 깔라고 간수가 매트리스를 하나 던져주면 기뻤어요. 새벽 한두 시쯤에 찾아오는 쥐들에게 줄 빵 부스러기 몇 조각을 남겨두었죠. 쥐들이 기뻐했어요. 개미도 외로움 속에서 비명을 지른다는 걸 배웠고요. 나는 죽지 않았고, 그저 내 삶의 흐름을 따라 살아왔습니다. 삶이라는 모험을 포기하고 삶을 멈추는 게 해결책이라고 믿는 건 너무 나약한 거예요. 진짜 모험과 진짜 기적은 바로 '태어남' 그 자체이니까요.

그래서 반드시 '살아갈 이유'가 필요합니다. 그래야 넘어져도 일어설 수 있어요. 꼭 우리처럼 사회를 바꾸겠다는 '미친 꿈'을 가져야 한다는 말이 아닙니다. 과학에 대한 열정이나 스포츠에 대한 사랑, 그림, 낚시, 축구, 햇볕 아래 엎드려 누워 있기 등 뭐든 좋아요! 삶에 동력이 될 열정이 있어야 합니다. 다른 모든 건 이미 우리에게 생물학적으로 프로그래밍되어 있어요. 우리가 만들어낸 사회라는 문명이 우리를 잔인하게 압박하겠죠. 하지만 다른 동물과 달리 우리는 어느 정도 우리 삶의 방향을 바꿀 수 있어요. 그게 바로 진정한 자유입니다. 누군가가 강요하는 상황을 거부하고, 나 스스로 결정을 내릴 때 나오는 자유. 일반적으로 자살하는 사람들은 아주 깊은 좌절감에 빠져 세상이 거기서 끝난다고 믿습니다. 하지만 **패배가 우리를 파괴하지 않는 한, 우리는 승리보다 패배에서 더 많은 것을 배울 수 있어요. 당신에게 달린 일입니다.**

시물– 대의를 위해 목숨을 바치는 사람도 있고, 고통 때문에 목숨을 끊는 사람도 있습니다. 어떤 차이가 있나요?

무히키– 물론 큰 차이가 있습니다. 스스로 목숨을 끊는 건 일종의 포기예요. 완전히 패배했다고 느끼는 것이자 악에게 승리를 내주는 것, 희망과 꿈과 이상을 잃는 겁니다. 더 이상 아무것도 남은 게 없다고 느끼는 상태이죠. 반면, 자신을 포기하지 않는 사람은, 비록 자신이 틀렸더라도 자신만의 지평선과 길이 있고 방향이 있어요. 즉, 실수는 할 수 있지만 희망을 버려서는 안 됩니다. 희망 없이는 살 수 없어요. 결국 삶은 푸르릅니다. 어떤 역경에도 불구하고 웃는 겁니다. 문제는 패배하고, 무너지고, 끝났다고 느끼는 겁니다. 그러나 배짱tripas이 있으면 누구도 패배하지 않을 거예요. 둘 사이에는 큰 차이가 있죠.

인류의 수많은 진보는 자신의 삶을 걸고 싸운 사람들 덕분에 가능했습니다. 때로는 그 대담함의 대가로 목숨을 잃은 사람도 있어요. 예를 들어, 시카고의 노동자들은 하루 8시간 노동을 위해 투쟁했습니다. 이들 덕분에 후대의 수많은 노동자가 그 권리를 누리게 됐죠. 분명 많은 사람이 자신의 삶을 걸었고 단기적으로는 실패했지만, 그들 덕분에 인류는 거대한 발걸음을 내디딜 수 있었습니다. 사회의 윤리적 진보를 이룬 거의 모든 사건에는 자신의 삶을 걸고 헌신한 사람들이 있어요.

시울– 무히카 선생님, 당신에게 '노년'이란 어떤 의미인가요?

무히카– 노년이요? 글쎄요, 나는 모든 생명체의 자연스러운 과정이라고 봅니다. 구체적으로 보자면, 설명할 수 없는 작은 통증이 점점 늘어나는 시간 같군요. [웃음] 왔다 갔다 하지만 확실히 통증이 매일 매일 더 많아져요! [웃음]. 하지만 좀 더 진지하게 생각해 보면, 노년이란 우리가 대답할 수 없는 미스터리, 즉 '우리는 어디서 와서 어디로 가는가'라는 신비한 질문에 가까워진다는 걸 의미한다고 봐요. 머지않아 우리는 말 없는 광물의 침묵 속으로 들어가겠죠. 적어도 영혼이니 뭐니를 믿지 않는 사람들에게는 말이죠. [웃음]

촘스키_ 음, 내 생각은 시간이 지나면서 바뀌었습니다. 열 살 때쯤 나는 의식을 잃는다는 개념, 즉 죽음이 끔찍한 재앙이라고 여겼죠. 의식이 사라지면 세상이 계속 존재할지 어떻게 알 수 있습니까? 그러다 열다섯 살쯤에는 어느 정도 받아들였어요. 그저 우리는 먼지에서 와서 다시 먼지로 돌아가는 존재일 뿐이라고. 그사이에 있는 것이 바로 인간이죠.

하지만 살다 보면 관점이 달라집니다. 내 첫 아내는 암으로 세상을 떠났습니다. 아내가 폐암에 걸려 고통스러운 죽음을 맞이할 때까지 2년 동안 나는 집에서 아내를 돌보았어요. 그러고 보니 벌써 10년 전 일이로군요. 아내는 늘 집에 있었고 나는 돌보는 동안 결코 아내를 혼자 두지 않았죠. 아내는 마치 어린아이처럼 작아져 갔어요. 그러다 결국 사라졌습니다. 그 당시 나는 '계속 일하다 보면 나도 결국 사라지겠지'라고 생각했습니다. 그런데 그때 발레리아가 마법처럼 나타난 거에요! 그 순간 이렇게 마음먹었죠. "나는 아직 청

년이야!" [모두 웃음]

무히카_ 결국 가장 좋은 설명은 티르소 데 몰리나²²가 한 말 같습니다. "죽을 것 같은 생각이 들면 망토를 펴고 누워 잠드는 편이 낫다."
[모두 웃음]

촘스키_ 만약 세상 모든 문제가 사라진다고 가정할 때, 지금 나의 가장 이상적인 삶은 최근에 발견한 꿈같은 집에서 발레리아와 함께 사는 겁니다. 그냥 그녀와 단둘이서, 우리 강아지와 닭들과 함께요.
[웃음]

무히카_ 아주 멋진 계획입니다!

촘스키_ 아직도 하고 싶은 창의적인 일이 많아요!

무히카_ 우린 이 집에서 곧장 묘지로 갈 예정입니다! [모두 웃음] 아, 화장터가 낫겠군요!

사울_ 교수님, 왜 무신론자가 되셨나요?

촘스키_ 사실 나는 나를 무신론자로 분류할 수 있을지조차 모르겠습니다. 무신론자가 되려면 무언가의 존재를 부정해야 하는데, 그 무언가가 무엇인지, 어떤 것인지 모르겠습니다.

시울_ 그렇다면 불가지론자[23]이신가요?

촘스키_ 아니요, 불가지론자도 아닙니다. 무언가가 존재한다는 주장에 대해서, 나는 그것이 무엇인지 전혀 모르겠고 그에 대한 아무런 입장도 없어요. 사람들이 그걸 믿고 싶어 한다면, 그건 그들의 선택이겠지만, 나는 그렇지 않습니다.

시울_ 적극적으로 종교를 반대하는, 소위 전투적 무신론에 대해서는 어떻게 생각하시나요?

촘스키_ 그에 관해서는 좀 복합적인 감정이 있습니다. 사람들에게 왜 근거 없는 믿음을 받아들이는지 질문하게 한다는 점에서는 일리 있다고 생각해요. 그 믿음이 자신이나 타인에게 해로운 행동으로 이어진다면 그건 분명히 문제를 제기해야 한다고 보죠. 반면, 어떤 사람들이 특정한 신념을 가진 덕에 삶이 풍요로워지거나 마음이 편해지고 혹은 공동체의 일원으로 소속감을 느낀다면, 그건 해롭지 않은 한 정당하다고 생각해요. 타인에게 피해를 주지 않는 한 비판할 이유가 없습니다.

***

무히카_ 사울, 나는 가끔 이런 생각을 해요. '나는 왜 그렇게 서둘러 태어났을까?' 좀 더 기다렸다가 지금 당신처럼 젊은 세대와 함께 이 싸움을 할 수 있으면 좋았을 텐데.

사울_ 흥미로운 일들이 다가오고 있어요. 정말 어려운 일들도 있을 테죠.

무히카_ 그렇습니다. 많이 힘들 거예요. 지금 벌어지는 모든 일에는 엄청난 대가가 따르겠죠. 푸틴 같은 자를 보세요. 핵무장을 강화하겠다고 하잖아요. 우리에게 가장 필요 없는 게 바로 그거예요! 아프리카에는 모르타델라(소시지)와 분유 그리고 깨끗한 물이 필요합니다! 어떤 여성들은 더러운 물 두 통을 얻기 위해 5킬로미터씩 걷는다고 해요. 이런 상황에서 우리는 '경제발전'이라는 개념에만 안주할 수 없어요. **경제발전이란 개념의 바탕에는 '인간의 행복'이라는 개념이 놓여야 해요.** 왜 경제를 발전시켜야 하죠? 사람들이 일본처럼 지독한 슬픔과 괴로움을 안고 스스로 목숨을 끊게 하려고요? 이제 그만 멈춰야 해요! 자연 속에서 홀로 살아가는 원주민들이 훨씬 더 행복합니다. 왜냐하면 우리 각자에게 가장 소중한 건 삶 그 자체이기 때문이죠. 그리고 우리는 이제 자본을…

시물_ ····자본을 중심에서 걷어내야 해요.

무히키_ 맞습니다. 그 중심에는 삶이 있어야 합니다.

행복과 지유

시울 – 존경하는 무히카 선생님, '잘 산 삶'이란 어떤 삶일까요?

무히카 – 내 생각에는, 자신이 좋아하고 열정을 느끼는 일에 가장 많은 시간을 할애하는 삶이 아닌가 싶군요. 자유 없이는 행복도 없습니다. 행복은 단지 감각적인 쾌락이 아닙니다. 행복은 자신이 약속한 일을 기쁨과 열정으로 해나간다는 균형감에서 비롯합니다. 살기 위해서는 물론 일을 해야 하지만, 삶이 일만으로 채워져서는 안 됩니다. 살기 위한 시간도 필요하죠. 따라서 '절제'가 바로 자유를 얻기 위한 열쇠입니다. 만약 인생의 모든 시간을 청구서를 갚고 물건을 쌓아두는 데 쓴다면, 그건 진정으로 자유로운 삶이 아닙니다.

촘스키 – 그리고 그러한 자유가 존재할 때 일은 삶에서 가장 만족스러운 부분이 될 수 있습니다. 적어도 그런 부분 가운데 하나가 될 수 있죠. 자신의 통제하에 창의적인 일을 한다는 건 무엇과도 비교할 수 없는 경험이에요. 사람들이 그런 경험을 박탈당하는 현실을 바꿔야 합니다. 누구나 할 수 있는 일입니다. 물리학 실험실에서 연구를 하면서, 혹은 주말에 차고에서 차를 고치면서 삶의 진정한 만족을 찾을 수 있습니다.

무히카_ 자유에도 여러 층위가 있습니다. 가장 어려운 자유는 '생각의 자유'입니다. 이건 촘스키 교수께 감사해야 할 부분이군요. 바로 '사상의 자유'를 유지하는 것이죠. 독단에 빠지지 않고, 열린 지성으로 현실을 다양한 층위(회색과 검은색 색조 속에서)로 인식하려고 노력하는 것을 의미해요. 열정적이되 광신적이지 않은 태도, 이 둘은 분명 다릅니다. **또 다른 자유가 있습니다. 그건 우리 각자가 더 많은 자유 시간을 가질 자유입니다. 그래서 사랑의 감정을 기르고, 우리에게 기쁨을 주는 삶의 기본 요소들을 돌보아야 합니다. 아이들과의 시간, 친구들과의 시간, 가족과의 시간 등 삶의 기본 요소를 위한 시간이 있어야 해요.**

과소비 사회와 초과소비 사회는 끊임없이 지불하고, 또 지불하게 만듭니다. 절망 속에서 살게 하고 자유를 앗아 가죠. 자신의 자유 시간을 돈으로 바꿔야 하고, 그 돈으로 필요한 것을 사야 하기 때문이에요. 우리가 무언가를 살 때, 그건 '돈'으로 사는 게 아닙니다. 결국 우리 삶의 '시간'을 들여서 사는 겁니다. 삶에서 유일하게 중요한 건 시간입니다. 시간에 대해서 우리는 인색해야 합니다. 자신이 좋아하는 일을 하고 있을 때, 우리는 비로소 자유롭습니다. 그저 생계를 위한 의무만을 행할 때 우리는 그다지 자유롭지 않아요.

자본주의 문화가 심어놓은 '발전'이라는 개념은 매우 빈약합니다. 좌파 역시도 인간의 행복과 행복을 누리는 데 필요한 자유의 문제를 마치 잉크병 속에 넣어두고는 잊은 듯 방치했다고 생각합니다. 물론 우리에게는 발전도 필요하죠. 하지만 소박하고 행복한 삶도 필요합니다! 그래서 내가 강조하는 게 있습니다. 매우 중요하면서도 소홀히 여겨지는 건데, 바로 사랑의 감정을 키우는 인간의 시간입니다.

인간은 종으로서 지극히 감정적인 동물이에요. 감정이 깊고, 애정이 풍부하죠. 애정은 죽은 사물이 아니라 살아 있는 존재로부터 옵니다. 애정을 기르는 데는 시간이 필요해요. 인간관계의 세계, 즉 친구·가족· 자녀·사랑의 세계는 우리 각자가 저마다 처한 삶의 단계에 따라 다르긴 하겠지만, 결국 애정에는 늘 시간이 필요합니다. 시간이 없으면 애정이 희생되고 말겠죠. 엉망진창이 될 겁니다. 많은 사람이 이렇게 말해요. **"내 아이에게 부족함이 없게 해주고 싶어."** 하지만 그 아이에게 부족한 건 바로 당신입니다. 시간이 없어서, 새벽에 출근했다가 밤에 돌아오고, 아이가 자고 있을 때 간신히 뽀뽀해주죠. 그런데 아이에게 많은 것이 필요하다고 말한 사람이 누구입니까? 아이에게 필요한 건 오직 당신이에요. 현대 사회 전체가 이런 상황으로 가득합니다.

내가 '자유를 관리한다'고 할 때는 '시간을 관리'하는 것을 말합니다. 시간을 타인에게 혹은 시장에 빼앗기지 않고 지켜야, 애정을 기를 수 있습니다. 만약 그 모든 시간을 다 빼앗기면, 애정이 가득한 삶은 이제 안녕입니다. 인간은 애정 없이 살 수 없어요.

나는 이게 현대 사회의 문제라고 봅니다. 오늘날 세계의 모든 메트로폴리스와 모든 도시에서 이 문제를 찾을 수 있죠. 우리는 실체적인 행복의 문화를 쟁취하기 위해 싸워야 합니다. 권력을 잡을 필요도 없고, 세상이나 사회가 바뀔 때까지 기다릴 필요도 없어요. 지금 당장 바꿀 수 있는 사람은 바로 '나'입니다. 나 자신이 바뀌고, 삶의 중요한 것들을 위한 시간을 확보한다면, 노예처럼 살지 않을 수 있습니다.

공동체와 연대

무히카_ 인간에게는 공동체가 필요합니다. 가족이 필요하죠. 그러니 생각이 다른 젊은이들은 새로운 형태의 가족과 공동체를 만들어야 합니다. 그게 조직이든, 노동조합이든, 단체나 정당이든, 협동조합이든, 클럽이든 이름은 중요하지 않아요. 중요한 건 생각이 같은 사람들, 비슷한 문제의식을 가진 사람들과 함께 모여 집단 세계를 만들어야 한다는 겁니다. 혼자 남겨져서는 안 됩니다. 왜냐하면 혼자일 때 우리는 우리를 둘러싼 사회 속에 잠식되기 때문이에요. 우리는 서로 생각을 나누고 서로 보호하기 위해 함께 뭉쳐야 합니다. 노동조합이든, 동아리든, 친목회든 상관없어요. 그게 무엇일지는 나도 모르지만, **같은 생각을 하는 사람들과 함께 모여 무언가를 시작해야 합니다.** 지금 당장 말입니다!

현대 사회에는 사실 도피적인 경향도 많습니다. 헷갈리지 않으려면, 이것도 숙고해 봐야 해요. 보세요, 자전거를 타고 파타고니아나 콜롬비아로 가서, 친구들과 온라인으로 소통하고, 술집에서 보름 동안 일하고 다시 떠납니다. 멋진 반항 정신이죠. 하지만 그저 대륙을 떠도는 사람일 뿐입니다. 개인적인 대응 방식에 지나지 않습니다. 가치 있는 일이긴 하죠. 하지만 **투쟁은 개인적 존재가 아닌 집단적 존재를 다시 만드는 겁니다. 지금 우리에게는 '나'보다는 '우리'가 더 많이 필요합니다.**

촘스키_ 요즘은 모든 게 달라 보이지만 실제로는 그다지 달라지지 않았습니다. 1930년대나 1940년대로 돌아가 보면, 제 경험상 당시 젊은이들은 대부분 어떤 단체의 구성원이었죠. 홀로 세상에 맞서지 않았어요. 좌파 활동 단체나 문화 단체 등에 속해 있었죠. 우리는 우리 앞에 놓인 문제들에 맞서 함께 활동했습니다. 단체에는 경험이 많고 지식도 있는 '어른'들이 있어서 도움이 됐습니다. 그들은 일종의 인적 자원이었습니다. 그렇다고 해서 그들이 당신에게 무엇을 해야 할지 지시하지는 않았어요. 그들은 우리가 집단 속에서 스스로 생각하도록 격려할 뿐이죠. 개인으로서는 문제 해결이 거의 불가능하기 때문이에요. 이건 과학에서도 마찬가지입니다. 과학 분야에서도 혼자 연구하는 경우는 매우 드뭅니다. 보통 집단으로 협력해 연구하는데, 새로운 아이디어는 젊은 연구자에게서 나오는 경우가 많습니다.

학생들을 가르쳐 본 경험상, 학부생과 대학원생을 가르치는 것 사이에는 많은 차이가 있어요. 대학원생은 어느 정도 잘 양성되어 있고 좋은 아이디어도 많습니다만, 꽤나 예측이 가능합니다. 반면, 대학생은 아직 양성되기 전이라, 결코 생각지 못한 흥미로운 아이디어를 떠올리는 경우가 많습니다. 그들은 길을 막 개척하는 과정에 있기 때문이죠. 우린 바로 이러한 가능성을 장려해야 합니다.

무히카_ 아주 중요한 말씀입니다! 이미 교육을 다 받은 사람은 사실 어느 정도는 '왜곡된' 사람이기도 해요.

촘스키_ 일례가 있습니다. 발레리아와 저는 작년에 투손[24]에 간 적이 있습니다. 친구들이 우리를 한 초등학교에 데려갔죠. 주로 멕시코인이 거주하는 매우 가난한 동네에 있는 학교였어요. 그곳 많은 가정은 마약을 포함해 여러 문제를 겪고 있었습니다. 그 초등학교는 중퇴 문제가 심각했고요. 또 규율 문제 때문에 운영에도 어려움이 있었습니다. 아무것도 제대로 돌아가지 않았어요.

그러다가 한 프로그램을 도입했습니다. 아이들이 참여해 텃밭을 가꾸고 동물을 기르는 활동이었죠. 게다가 작물 영양분 공급에 관한 과학적 연구도 진행했어요. 발레리아와 내가 그곳에 갔을 때, 열 살이나 열두 살쯤 되어 보이는 여자아이 둘이 우리에게 프로젝트를 소개하더군요. 어린아이들이었지만 매우 자신감이 넘쳤어요. 수확이 어떻게 진행되는지, 모든 것을 어떻게 준비하고 어떻게 시작했는지 자세히 설명했습니다. 학교 중퇴율은 '0'으로 떨어졌어요. 더 이상 규율도 없었습니다. 아이들은 신이 나 있었고, 새로운 아이디어를 계속 떠올린다고 하더군요! 아이들에게서 시작했지만, 이런 일은 더 큰 규모에서도 가능할 겁니다! 그렇지 않을까요?

시울 – 물론입니다. 무히카 선생님, 얘기가 나와서 말인데, 루시아 여사님과 함께 이곳 집 옆에 학교를 짓고 계시잖아요? 그 프로그램을 도입하셔도 좋을 것 같습니다.

무히카 – 그럼요. 여기는 채소를 생산하는 농촌 지역입니다. 루시아와 제가 보니, 땅을 일구는 사람들이 이제는 다 노인이 됐더군요. 그래서 생각했어요. '앞으로도 사람들은 채소를 계속 먹어야 할 텐데, 젊은 사람이 땅을 일구지 않으면 나중에는 중국에서 채소를 수입해 먹게 되겠구나!' 그래서 우리는 여기에 학교를 세우기로 결심했습니다. 또 국가가 이에 걸맞는 교육 시스템을 도입하라고 싸움을 시작했어요. 우리는 학교를 완공하는 대로 국가에 헌납할 계획입니다. 오래 걸리지는 않을 거예요. 하지만 우리라도 나서지 않으면 국가도 하지 않을 겁니다!

시울 – 건설 자금을 어떻게 마련하셨나요? 공사가 꽤 진척된 것으로 보이던데요.

무히카 – 땅을 팔았습니다. 휴–, 몇 년이 걸렸어요. 우리도 자본주의랑 거래한 셈이죠! [웃음] 예전에 싸게 산 땅을 시간이 지나 훨씬 비싼 가격에 팔았어요. 그 돈을 학교에 투자했죠. 그래서 내가 대통령이었을 때 부동산에 세금을 부과하고 싶더군요! 내가 직접 겪어봤으니까. [모두 웃음]

촘스키 좋은 결과가 있을 것 같아요. 아까 말씀드린 투손의 그 학교는 지역사회에 정말로 활력을 불어넣었습니다. 이제 학교 아이들은 지역사회를 위해 과일과 채소를 생산하죠. 지역 주민들도 참여하고 있고요. 이제 그들은 지역사회 단체를 만들어, 학교 아이들과 함께 지역 문제를 해결하기 위해 노력하고 있습니다. 이 모든 건 아이들이 자신들의 창의력과 자신들에게 의미 있는 것들을 탐구할 수 있는 기회를 제공하는 프로그램에서 시작됐어요. 처음에는 채소를 심기 시작하다가, 점점 음식과 식물이 어떻게 가축 생산과 상호 연관되는지, 지속 가능한 시스템을 어떻게 만들 수 있는지, 물 사용을 어떻게 조절하는지 같은 다양한 문제를 고민하면서, 이웃 지역사회의 공동체들과 연대하게 되겠죠. 여러분이 상상할 수 있듯이, 부족한 게 많고 아주 가난한 멕시코 지역사회 이야기입니다. 하지만 그곳에서도 이런 변화가 일어났어요.

무히카 그런 게 바로 이상적입니다. 우리에게는 공동체가 부족합니다! 자본주의는 우리를 하나하나 분리시켰지만, 이제 우리는 '우리'를 다시 만들어야 해요. 공동체를 다시 건설해야 합니다.

촘스키_ 이런 일이 도시 공동체에서도 실현될 수 있어요. 나는 충분하며 완전히 실현 가능하다고 생각합니다.

무히키_ 정말로 그렇습니다! 거기에 상당한 기회가 있다고 생각합니다. 문제는… 레닌주의의 역사와 그 이후에 일어난 일에 있어요. '진보할 수 있는 유일한 방법은 국가를 건설하는 것'이라는 생각을 좌파 진영에 주입시켰죠. 이 신화는 100년간 지속됐지만, 결국 효과는 없었습니다. **아이마라족[25]에게 가난한 사람이란 공동체가 없는 사람입니다. 세네카[26]는 이렇게 말했죠. "가난한 사람은 많은 것을 필요로 하는 사람이다."**

촘스키_ 덧붙이자면, 공동체가 사라졌을 때 어떤 일이 벌어지는지를, 칠레 북부 아이마라 공동체에서 직접 목격했습니다. 칠레 북부에 가보니, 거기에 상당히 소외되고 고립된 아이마라 공동체가 있더군요. 나는 그들과 함께 시간을 보냈죠. 그들은 자신들의 문화를 보존할 수 있을지 심각하게 우려했습니다. 사실 그 공동체의 위치를 살펴보면 정말 놀랍습니다! 거기에서 볼리비아로 바로 가는 고속도로가 있습니다. 아시다시피 볼리비아에는 대규모 아이마라 공동체가 강하게 성장하고 있어요. 그런데 칠레에 있는 아이마라 공동체는 그 사실을 모르더군요. 역사적인 이유 때문에 칠레와 볼리비아 간의 적대감은 지금도 극심하지요. 이 탓에 아이마라 공동체조차 이를 아직 극복하지 못했어요. 칠레의 아이마라 공동체는 볼리비아의 아이마라 공동체와 함께 자신들의 사회와 문화를 강화할 기회를 놓치고 있습니다. 이런 문제는 능동적인 좌파 세력이 있었다면 이미 극복했을 겁니다.

무히카_ 확실히 그렇습니다.

촘스키_ 칠레와 볼리비아의 관계를 포함한 이 모든 문제가 영국이 질산염을 원했기 때문에 발생했어요. 비료와 화약을 만들기 위해서요. [촘스키와 무히카가 씁쓸하게 웃음] 영국은 칠레의 자원을 착취하려고 땅을 빼앗았습니다. 라틴아메리카의 좌파 세력이 어느 정도 연대감을 가지고 있다면 이러한 문제를 쉽게 해결할 수 있다고 봅니다.

무히카_ 우리 앞에 놓인 과제가 정말 많습니다. 하지만 말이죠… 잘 될지는 모르겠지만, 라틴아메리카에는 오래갈 좌파가 아직 남아 있습니다.

촘스키_ 중요한 건 사람들이 서로 협력하지 않으면 쉽게 통제당한다는 사실입니다. 그렇기 때문에 **모든 대중 운동과 노동 운동은 연대와 상호 작용, 공동체 활동을 발전시켜 이를 극복하려고 노력해 왔습니다.** 때로는 예상치 못한 방법으로도 이를 실현할 수 있습니다.

물론 이런 일을 뉴스에서는 다루지 않아요. 권력자들 입장에선 사람들이 그런 일을 알아서 좋을 게 없기 때문이죠. 예를 하나 들어보죠. 1980년대 중앙아메리카 전역에 퍼진 연대 운동을 떠올려 봅시다. 역사상 전무후무한 일이었습니다. 제국주의의 중심에 살던 평범한 미국인들이 단순히 폭력에 저항하는 것을 넘어, 피해자들과 함께 살기 위해 나선 건 그때가 처음이었죠. 수천 명의 미국인이 피해자들과 함께 살기 위해 엘살바도르와 니카라과 등지로 떠났습니다. 그들을 돕고 보호하려고 노력한 겁니다. 단지 '백인 얼굴'이라는 이유만으로도 그들을 보호해 줄 수 있었기 때문이죠.

이들 다수는 보수적인 지역 출신이었습니다. 복음주의 교회 공동체에 속한 평범한 사람들이었죠. 그들은 깊은 연대감으로 국가 폭력의 희생자들과 함께하기 위해 행동했어요. 이건 제국주의 역사상 전례가 없는 일입니다. 프랑스인들이 알제리에서 피해자들과 함께 살기 위해 행동한 적은 없습니다. 베트남 전쟁 때도 미국인 누구도 베트남에 들어가 살지 않았죠. 하지만 1980년대에는 그런 일이 도처에서 일어났어요. 미국의 가장 보수적인 지역의 교회 신자들과 사람들 수천 수만 명이 연대했습니다. 이런 연대는 존재한 적이 없고, 다양한 방식으로 발전하고 있어요. 눈에 잘 띄지는 않지만 분명 존재합니다. 이건 매우 중요한 일이에요.

이런 방식으로 대중 조직과 연대를 통해 다른 사람들과 협력하여 진보적인 목적을 추구하는 과정에서 우리는 공공선을 이룰 수 있습니다. **오늘날에는 국제적으로도 쉽게 연대할 수 있습니다. 기술 발전을 활용해 국제 운동을 조직할 수 있죠.** 이제 미국, 영국, 독일의 사람들이 에콰도르, 볼리비아, 남아프리카 같은 국가의 사람들과 직접 연결되어 공동 목표를 달성할 수 있어요. 이전에는 불가능했던 수준으로 협력이 가능합니다. 기회는 이미 존재합니다. 필요한 건 그 기회를 활용하는 것이죠.

무히키_ 인류학적으로 보면, 인간은 원래 사회(주의)적 존재입니다. 역사와 시대의 흐름이 우리를 자본주의자로 만든 겁니다. 우리는 30~40만 년 동안 30~40명 정도의 가족 공동체로 살아왔어요. 공동체에서 최악의 처벌은 쫓겨나는 것이죠. 원시 사냥꾼들은 자기들이 사냥한 사슴을 독차지하지 않았습니다. 각자 자기가 맡은 역할을 했고, 함께 살아왔습니다. 그러지 않았다면 우리는 여기까지 올 수 없었을 거예요. 하지만 물건(상품)이라는 개념이 생기면서부터 역사는 우리를 개인주의적이고 자본주의적인 존재로 만들었죠.

아마도 '협력'이 핵심일 겁니다. 사실 네안데르탈인이 우리를 멸종시켰을 수도 있었어요. 그들이 훨씬 더 강했거든요. 하지만 그들에게는 호모 사피엔스처럼 협력하는 능력이 없었습니다. 협력이 우리 종의 특징이에요. 안타깝게도 우리는 그걸 잃어가고 있습니다. 《돈키호테*Don Quijote*》를 읽어보면, 양치기들이 하는 멋진 말이 나옵니다. "행복한 시대, 복된 시절이여, 내 것과 네 것이 우리 사이를 갈

라놓지 않았던 시절이여….” **지금은 사유재산이 협력을 무너뜨렸습니다. 이건 길고 지난한 문화 전쟁입니다. 인류가 지구와 우주에서 살아남고 싶다면, 인류는 다시 협력해야 할 겁니다.** 물론 원시인처럼 살자는 말이 아니에요. 지금의 기술과 조건에 따라 협력해야겠지요. 협력은 단지 이익이기 때문이 아니라 생존의 필수조건이기 때문입니다.

서울_ 그럼, 21세기의 투쟁 과제는 개인주의-경쟁 중심 문화에서 집단적-협력 중심 문화로 전환하는 것이라고 말할 수 있을까요?

무히키_ 맞아요. 협력 중심이죠. 인류 최초의 집단도 자신을 방어하고 발전하기 위해 ‘팀’을 이뤄서 함께 행동했습니다. 실제로 모든 회사는 팀입니다. 어떤 사람이 엄청난 부자가 됐다고 해보죠. 그건 수많은 사람이 함께 일했기 때문입니다. 아니었다면 그는 결코 부를 축적할 수 없었을 겁니다. 부의 축적은 의식적으로든 무의식적으로든 많은 사람이 함께 일한 결과입니다. 퓨마 같은 동물은 혼자 살 수 있겠죠. 자연이 그렇게 설계했으니까. 이 고양잇과 동물은 오직 짝짓기를 위해서만 잠시 사회를 형성해요. 반면, 인간은 사회적 동물입니다. 평소 내가 ‘자연’ 이야기를 자주하는데, 왜 그런지 아시나요? 감옥 생활 15년 가운데 책도 없이 보낸 시간이 7년이에요. 어느 날은 스스로에게 묻게 되더군요. ‘동물로서 우리는 어떤 존재인가?’

'자연이 우리에게 내장시킨 하드디스크는 무엇일까?' '우리가 살고 있는 시장 사회가 우리에게 덧씌운 하드디스크는 무엇일까?' 진짜 질문은 이거였어요. '우리가 하드디스크(자연의 설계)랑 싸우고 있는 건 아닐까? 그렇다면 우리는 결국 망할 텐데?' 나는 답을 할 수 없었습니다. 수감되기 전까지는 고전만 읽었는데, 고전은 너무 합리적이었죠. 수감 당시엔 책이니 뭐니 없었고요. 감옥에서 나온 뒤로, 나는 인류학을 공부했어요. 인류학자 친구들을 만나면서 인간의 행동에 관심의 불꽃이 켜졌습니다. 우리는 자연이 만든 동물적 존재로서의 인간과 문명 속에서 스스로를 구성한 의식적인 존재로서의 인간, 이 둘을 모두 이해해야 합니다.

나는 인류가 어떻게 살아왔는지를 보고 깜짝 놀랐습니다. 인류가 아프리카에서부터 걸어서 어떻게 세계 곳곳으로 퍼져나갔는지를 보면, 정말 경이롭습니다. 바다 한가운데 있는 뉴질랜드 같은 외딴 섬까지 어떻게 갔을까 궁금했어요. 전화도, 구글 지도도 없던 시대였으니까요. 심지어 여자와 아이 들과 함께 갔습니다. 정말 대단하죠. 그들이 어떻게 움직였을까요? 바로 한 팀으로 무리 지어 함께 이동했습니다. 아메리카 대륙에 도달하는 데는 무려 3만 년이 걸렸다더군요. 하지만 결국 도착했죠. 늘 큰 가족 단위로 서로를 부양하며 이동했어요. 이게 인간의 조직입니다. 지금 이러한 사실을 잘 이해하는 건 군대뿐인 듯합니다. 군대에서는 군인 30명 정도로 소총 부대를 운영하니까요.

얘기가 옆으로 샜지만, 전달하고 싶은 건 이겁니다. 인간을 동물로서 먼저 이해한 다음, 문명적으로 접근해야 한다는 겁니다. '협력하려는 본능'은 인간의 위대한 특성입니다. 우리 종이 가진 가장 고귀한 특성이죠. 그러나 '교환'이라는 개념이 등장하면서 '내 것'과 '네 것'이라는 구분이 생겼고, 현재 우리는 그 잠재의식 속에 갇혀 있는 상황입니다.

민주주의와 지치

시울_ 이제 민주주의에 관해 말씀을 나누겠습니다. 민주주의란 무엇이며, 지금 21세기에는 어떤 상태에 있다고 보시나요?

무히키_ 민주주의는 의사결정권을 국민에게 분배하는 것을 의미합니다. 반드시 그래야 하죠. 모든 권위는 어느 정도 억압을 수반합니다. 관건은 '우리가 억압 없는 문명을 창조할 수 있는가', 즉 '인간이 타인을 해치지 않으면서 스스로를 통치할 수 있는가'예요. 이 점에서 나는 촘스키 교수처럼 '자유주의자'라고 할 수 있습니다.

촘스키_ 지금 우리의 민주주의는 근본적으로 금권정치입니다. 민주주의라고 하지만, 사실 민주주의가 아니죠. 지난 100년 동안 '민주주의의 본보기'로 여겨지는 미국을 예로 들어보죠. 민주주의가 미국에서 실제로 어떻게 작동할까요? 미국 유권자의 대다수는 정치적으로 배제되어 있습니다. 즉, 유권자를 대표하는 정치인이 유권자의 의견에 관심이 없다는 뜻입니다. 이 계층은 부와 소득 면에서 하위 70퍼센트에 해당합니다. 부의 사다리 위로 올라가면 영향력이 조금 더 커지지만, 실제 결정이 내려지는 곳은 최상위층입니다. 이게 대략 미국에서 민주주의가 작동하는 방식이죠. 유럽은 상황이 훨씬 더 심각합니다. 유럽연합의 가장 심각한 결함 하나는 결정권이 브뤼셀의 관료들 손에 있다는 점입니다. 이들은 북유럽, 특히 독일 은행들의 이익에 복무할 뿐 대다수 대중에게는 반응하지 않죠. 그래서 사람들 사이에 분노와 두려움, 혼란이 생겨난다고 봅니다. 이게 오늘날의 민주주의입니다.

진짜 민주주의가 어때야 하는지는 매우 간단합니다. 민주주의는 정보를 알고 권한을 부여받아 희망을 품은 시민들에서 시작되어야 합니다. 내가 뭔가 할 수 있고, 내가 직접 뭔가를 해낼 수 있음을 이해하고 인식한 사람들이죠. 그러니 우리는 소극성과 두려움의 장벽을 깨부수고, 실제로 그 힘이 그들의 손에 있다는 사실을 깨닫게 해야 합니다. 그런 뒤, 사람들이 자신과 관련된 문제와 사회의 문제, 나아가 세계의 문제에 대해 집단적으로 결정할 수 있는 제도를 만들어야 해요. 이게 바로 진짜 민주주의입니다. 여러 방법을 통해 이 방향으로 갈 수 있겠지만, 반드시 지금 당장 시작해야 합니다. **제대로 작동하는 민주주의야말로 다가올 생태 재앙과 핵 재앙에 맞설 수 있는 주요 방어선이기 때문입니다.**

원칙적으로 민주주의에서는 국민의 목소리가 들려야 합니다. 만약 미국에서 그 원칙이 존중된다면 어떤 일이 일어날까요? 한 가지 변화는 국민들에게 인기 있고 존경받는 정치인이 대통령과 같은 영향력 있는 역할을 맡게 될 겁니다. 그런 인물이 바로 버니 샌더스[27]입니다. 압도적으로 인기 있는 정치인이죠. 샌더스의 선거 캠페인은 2016년 미국 대선에서 가장 특징적이었어요. 100년이 넘는 미국 정치사의 지배적인 흐름을 깨뜨렸습니다. 미국의 선거가 사실상 '돈으로 사는 것'이라는 사실이 여러 정치 연구에서 입증됐습니다. 선거 자금만으로도 당선 가능성을 상당히 정확하게 예측할 수 있죠. 이는 의회 선거와 선출직 공무원들의 의사 결정에까지 영향을 미칩니다. 연구에 따르면, 또한 소득 하위 계층 유권자의 상당수가 사실상 참정권을 박탈당한 상태입니다. 이들의 대표자들은 이들의 정치적 선호를 거의 고려하지 않습니다. **소득이 증가할수록 정치적 대표성도 조금 증가하죠. 하지만 정책은 항상 최상위 1퍼센트가 결정합니다.** 이것이 오늘날 우리가 '민주주의'라고 부르는 체제이죠. 실상은 '금권정치'라고 불러야 마땅합니다.

이런 맥락에서 샌더스의 선거운동이 중요합니다. 그는 거의 알려지지 않은 정치인이었어요. 핵심 자금줄인 기업과 개인(부유층)의 지원을 거의 받지 못했죠. 언론은 그를 조롱했고, 그는 연설에서 '사회주의자'라는 '무서운' 단어까지 공공연히 사용했습니다. 오바마-클린턴 계열의 당 지도부가 만든 불공정한 구조가 아니었다면, 그는 민주당 대선 후보로 지명됐을 겁니다. 만약 그가 승리했다면, 우리는 아마 이런 발언을 들었을지도 모르겠습니다. "정당을 막론하고, 노동자들이 조직되지 못했던 시대로 시계를 되돌리려는 어리석은 꿈을 꾸는 자들을 나는 용납하지 않습니다. 낡고 반동적인 사고방식을 가진 자들만이 노동조합을 해체할 추악한 생각을 품습니다. 노동자들이 스스로 선택한 노동조합에 가입할 권리를 빼앗으려 드는 자는 바보일 뿐입니다." 하지만 이 말은 샌더스가 한 게 아닙니다. 1952년 대선에 출마했던 드와이트 아이젠하워Dwight David Eisenhower가 한 말입니다. 당시 보수주의가 외려 진보적으로 보입니다. 규제된 국가자본주의가 크게 성장하던 시기였고, 종종 미국 경제의 황금 시대라고도 불리죠. 그 이후로 우리는 너무 멀리 와버렸어요. 이제 공공 부문의 노동조합이 사라질 위기에 놓여 있습니다.

여론조사에 따르면, 실제 민주주의는 상당히 다른 모습일 겁니다. 이 점은 다른 여러 사안에도 동일하게 적용됩니다. 신자유주의 시대에 두 정당이 모두 우경화됐기 때문이죠. 존경받는 보수 정치학자들조차 공화당을 "의회 정치를 포기한 급진적 반란 세력"으로 묘사할 정도입니다. 그 결과는 분노와 좌절 그리고 민주주의 제도에 대한 경멸로 이어지고 있어요. 표출 방식이 때때로 매우 불길한 모습을 보입니다.

기본적인 사실은 이렇습니다. 일반 대중은 엘리트가 고안한 정책에 결코 찬성표를 던지지 않을 겁니다. 몇 가지 간단한 수치만 봐도 이유를 알 수 있어요. 금융위기 이전인 2007년, 신자유주의와 신고전주의 경제학의 위대한 승리에 도취됐을 때, 미국 노동자의 실질임금은 신자유주의 실험이 막 시작된 1979년보다 낮았습니다. 그 주된 이유를 당시 연방준비제도FED 의장 앨런 그린스펀Alan Greenspan이 의회에서 증언했습니다. 자신의 이른바 "훌륭한 경제"의 비결을 밝히면서였죠. "노동자들의 불안정성이 커질수록 임금은 낮게 유지되고 물가도 안정된다." 노동자들이 너무 겁을 먹고 있어서 적절한 임금과 복지, 근로조건을 요구하지 못한다는 뜻이죠. 이런 게 신자유주의의 기준으로 보면 건강한 경제입니다.

　신자유주의 기간 동안 사회정의 지표도 악화됐습니다. 실제로 미국은 사회정의 측면에서 그리스, 멕시코, 터키와 함께 OECD 선진국 가운데 최하위에 머물러 있죠. 반면, 특히 약탈적 금융업에서는 이익이 급증했어요. 금융업의 이익은 신자유주의 시대에 폭발적으로 증가해 금융위기 직전에 전체 기업 이익의 40퍼센트를 차지했습니다. 금융위기의 책임이 바로 금융업계에 있지 않나요? 이른바 신자유주의 '구조 개혁'의 목표 하나는, 1960년대 대중 운동과 노동자 투쟁의 결과로 감소한 이윤율을 다시 끌어올리는 겁니다. 이 목표는 최근 수십 년 동안 성공적으로 달성됐습니다. 신자유주의 개혁은 대중의 이익과는 별개로 성공한 셈이에요. 이런 상황에서는 민주주의가 유지될 수 없겠죠.

　신자유주의 긴축 정책이라는 재앙이 닥친 유럽에서도 상황은 마찬가지입니다. 심지어 IMF 경제학자들도 이를 정당화할 수 없다고 인정할 정도예요. 그러나 IMF 관료들은 주로 부유한 독일 은행들의 목소리에만 귀를 기울이죠. 이 목소리들이 트로이카(IMF, 유럽중앙은행ECB, 유럽연합 집행위원회EC)를 움직여요. 아무도 그들을 선출하지 않았지만 그들이 유럽의 정책을 결정합니다.

경제학자 마크 와이스브롯[28]은 파괴적인 경제 정책을 이끄는 의제에 대해 신중하고 통찰력 있는 연구를 진행했습니다. 이런 의제는 라틴아메리카에 전혀 새롭지도 놀랍지도 않은 것이죠. 와이스브롯은 IMF가 유럽연합 회원국 정부와 정기적으로 진행하는 협의 보고서들을 연구했어요. 그 결과 매우 일관되고 충격적인 패턴을 발견했습니다. **그들이 야기한 2008년 금융위기는 신자유주의 개혁을 공고히 하는 기회로 이용됐습니다.** 세금 인상 대신 공공 부문 지출 삭감, 복지와 공공 서비스 축소, 의료 서비스 삭감, 단체교섭권 약화를 통한 전반적인 노동자 협상력 약화와 임금 삭감, 불평등과 빈곤 증가, 정부 규모 축소, 사회 안전망 약화, 성장과 고용을 둔화하는 조치 등….

요컨대, 워싱턴 컨센서스에 따라 지난 수십 년 동안 라틴아메리카에서 벌어진 일들과 본질적으로 동일하죠. 와이스브롯은 이렇게 결론을 맺습니다. "소위 IMF 보고서라고 불리는 문건이 유럽 정책 결정자들이 추진하는 정책 의제를 명확히 보여주며, 이들은 지난 5년 동안 상당한 성과를 거두었다." 이러한 의제는 신자유주의가 공격한 어느 곳이든 익숙하게 반복되는 패턴이죠.

유럽에서도 마찬가지입니다. 사람들이 이런 개혁에 찬성할 리 없음을 그들은 잘 압니다. 그래서 신자유주의 개혁을 수행하려면 민주주의를 희생시켜야 하죠. **그 메커니즘은 간단합니다. 트로이카 같은 선출되지 않은 기관에 의사결정권을 넘기는 겁니다.** 이에 대한 유럽 시민들의 반응은 미국에서 벌어지는 현상과 매우 유사해 보입니다. 중도 정당에 대한 신뢰가 무너졌고, 대중의 실망감과 두려움과 분노가 계속 증가하고 있으며, 때로는 그 감정들이 매우 불길한 방식으로 표출되고 있습니다.

시울_ 무히카 선생님, '자주적 관리'란 무엇입니까? 그리고 그 개념이 선생님께 왜 그렇게 중요한가요?

무히카_ 나에게 자주적 관리는, 일하는 사람들이 집단적 방향성을 가지고 나아간다는 걸 뜻해요. 일터를 집단적으로 관리하는 법을 배우는 것이죠. 열린 정신과 민주적인 참여에 바탕을 두고요. 국가 소유나 개인 소유를 노동자들의 집단 소유로 전환하되, 소유 자체를 위해서가 아니라 후대에 물려주고 관리하고 확장하기 위한 목적입니다. 또한 권리 행사와 그에 따른 책임감을 이해해야 해요. **명령받고 복종하는 시대에서 벗어나야 합니다. 우리 스스로 명령하고 스스로 조직해야 합니다.**

말이 쉽지, 그렇게 간단한 문제가 아닙니다. 나는 협동조합 기업을 꾸려 수년 동안 유지해 온 노동자를 몇 명 알고 있어요. 그들은 안팎으로 전쟁을 치러야 했죠. 안에서는 개인주의적이고 소비주의적인 문화가 훼방을 놓고, 밖에서는 치열한 경쟁이 벌어지죠. 그래서 아주 단단한 '껍질'이 필요합니다. 나는 인간에게 그런 능력이 있다고 믿어요. 과거에도 해냈거든요.

서울_ 민간 기업이나 기존 정당 구조는 낡아 보입니다. 21세기의 도전에 부응하지 못하는 것 같아요. 그래서 저는 일터에서의 민주주의, 즉 노동자가 주인이 되어 의사결정을 함께 내리는 협동조합 모델에 관심이 많습니다. 이 주제에 대해 좀 더 깊이 말씀해 주실 수 있나요?

무히카_ 그럼요. 우리가 지금 살고 있는 자본주의 체제에서의 생산과 분배 방식은, 잠재의식에 의존하는 문화를 만들어낸다고 봅니다. 회사 노동자들은 흔히 요구받은 일을 순종적으로 행하도록 교육받습니다. 회사의 운영 방식이죠. 노동자들의 활동은 본질적으로 이런 구조 속에서 구체화되는데, 그 안에서 문화를 형성하게 되죠. 회사 운영 방향은 노동자들의 문제가 아닙니다. 노동자들의 관심사는 월급날에 급여를 받고, 더 나은 일자리를 찾는 겁니다.

만약 우리가 가족처럼 일하고, 회사가 공동체와 같다면 어떨까요? 노동자들이 조직된 집단으로서 함께 일하고 결정한다면, 그건 이상적일 겁니다. 그러나 대개 이런 형태는 사회의 계급 구조에 의해 제한됩니다. 그러니 공동 프로젝트에 참여해야 할 때 노동자들은 스스로 운영하는 방법을 모를 수밖에요. 노동자들이 협동조합 기업을 세우려고 할 때면 큰 혼란에 빠지는 이유도 여기에 있습니다. 이는 사람들의 선악 문제가 아니에요. 우리는 우리 안에 구조화된 틀을 깨고 다른 방향으로 나아가야 합니다. 다시 말해 이건 '싸움'의 일부입니다. 자기 자신의 주인이 되는 법을 배워야 하기 때문이에요. **사실 우리가 '교육'이라고 부르는 것은 특정 기능을 수행하기 위한 훈련에 지나지 않아요. 그 결과 교육은 우리를 의존적이고 순종적인 존재로 만들었습니다.** 우리는 새로운 의식을 고양해야 합니다. 누군가가 권력을 가져서가 아니라 더 다양한 지식을 가졌기 때문에 우리에게 어떤 길을 제시한다면, 이를 '명령'이 아니라 '협력'으로 받아들이는 거죠. 이건 심오한 문화적 전환입니다.

우리 세대는 사회주의 건설을 '5개년 계획' 같은 것으로 혼동했어요. 의식에 대해서는 충분히 신경 쓰지 않았지요. 젊었을 때 난 모스크바에 있는 로모노소프 대학에 다녔는데, 니키타 흐루쇼프 시대이니까 1960년대였어요. 당시 나는 서방에서 가져온 나일론 셔츠를 입고 있었는데, 하잘 것 없는 옷이었죠. 그런데 소련 청년들은 한 번도 본 적이 없어서 그런지 멋진 옷이라고 하더군요. 그 청년들은 '상품'에 사로잡혔습니다. 정작 자신들이 가진 것의 가치도 모르면서. 소련은 수많은 강철과 알루미늄을 생산했지만, 문화적인 변화는 전혀 없었습니다. 문화가 변하지 않으니 아무것도 바뀌지 않았죠.

시울- 21세기 좌파에게는 기본적인 교훈입니다. 그렇죠?

무히키_ 물론이죠. 그리고 그리 먼 얘기가 아닙니다. 궁극적으로 모든 공장은 집단적인 프로젝트예요. 보통은 한 사람의 경영자가 독단으로 운영할 뿐이지만, 달라질 수 있습니다.

촘스키_ 미국의 산업 정책을 보도록 하죠. 2008년 금융 시스템이 붕괴됐을 때, 정부가 경제의 상당 부분을 떠안았습니다. 경제의 큰 축인 자동차 산업도 어떤 식으로든 정부가 떠맡게 됐죠. 그러나 이걸 어떻게 할 것인지에는 여러 선택지가 있었어요. 실제로 선택된 방법은, 납세자가 손실을 떠안고 산업을 이전 소유자에게 반환한 겁니다. 겉보기에는 다르지만 결국은 같은 계층에 속한 소유자였죠. 그리고 예전처럼 계속 자동차를 생산했습니다.

하지만 다른 선택지도 있었어요. 충분한 교육을 통해 대중이 조직화됐더라면, 다른 선택지를 택할 수도 있었을 겁니다. 그 산업을 노동자들에게 넘겨, 협력조합 형태로 운영하는 방안 말입니다. 노동자들이 기업을 소유하고 관리하는 거죠. 그러면 자동차를 생산하는 대신 고속열차 같은 국가가 필요로 하는 효과적인 대중교통 수단을 생산해, 현재와 미래를 위한 더 나은 삶의 조건을 제공할 수도 있었을 겁니다. 충분한 교육과 대중의 조직화가 있었다면 이러한 결정을 내렸을 거예요. 그러면 우리 사회는 근본적으로 달라졌을 겁니다. 이런 식의 딜레마가 반복해서 나타나고 있습니다.

서울_ 교수님, 아나키즘을 어떻게 정의하십니까? 이 개념에는 많은 혼란과 잘못된 정보가 뒤엉켜 있는 것 같습니다. 저는 이 개념이 무척 흥미롭다고 생각해요. 아나키즘은 무질서, 혼돈, 폭력과 연계되는 경우가 많아 보여요. 무히카 선생님 또한 자유주의적이고 아나키스트적 좌파이신 걸로 압니다. 물론 미국에서 만들어진 아나르코 자본주의 같은 왜곡된 개념은 아닙니다. 저는 두 분이 아나키즘이라는 측면에서 만나는 지점이 있다고 봅니다. 우리가 여기 있는 이유이기도 하고요. 그 점이 제 성장에 결정적인 영향을 주었습니다. 저는 아나키즘을 통해 비로소 민주주의를 올바로 이해할 수 있었습니다. 두 분에 관해 공부하면서 배웠거든요. 선거에 나오는 관료적인 좌파 지도자들은 이런 이야기를 전혀 하지 않아요.

촘스키_ 아나키즘의 개념은 스펙트럼이 매우 광범위해서 단 하나의 정의를 내릴 수는 없습니다. 다만, 핵심은 인간 사고의 간단한 흐름에 있다고 생각합니다. 이런 거예요. '어떤 형태이든 왜 권위가 정당화되어야 하는가?' 한 사람이 다른 사람에 대해 권위를 갖는 것이 정당한 이유가 무엇일까요? 위계 구조가 왜 있어야 하죠? 어떤 권위나 위계 구조도 그 자체로 정당하지 않음을 인식해야 합니다. '반드시 정당화될 필요'가 있을 뿐이죠. 그래서 모든 형태의 권위와 지배 구조, 위계 구조는 그 존재의 정당성을 스스로 입증해야 합니다. 대체로 그렇듯이, 그게 입증되지 못하면 해체되어야 마땅해요. 시대를 넘어, 나는 이게 아나키스트적 사고와 실천의 기본 원리라고 생각합니다.

무히카_ 내가 열한 살이나 열두 살이었을 때였어요. 육류연합의 노동조합 지도자 친구가 떠오르는군요. 그 친구는 아나키스트였죠. 한번은 나한테 이렇게 말하더군요. "권리를 위해 싸우다가 해고당할지언정, 일을 못해서 해고당하면 안 돼. 노동자로서 우리는 남의 등에 업혀 사는 사람이 아니니까." 그 시절 아나키스트들이 요즘과는 꽤 다르죠? [웃음]

시울_ 지금 우리에게 필요한 패러다임의 전환은, '지배당하는 것'을 그만두고 '자신을 스스로 다스리는 법'을 배우는 것인가요?

촘스키_ 바로 그겁니다. 누군가가 우리를 지배한다는 생각에 얽매여서는 안 됩니다. 대학의 학과, 대규모 산업체, 가족 등 어떤 기관이나 조직이든 권한을 부여할 수 있겠죠. 일부는 결정을 내리고 일부는 따르는 데에 합의할 수 있어요. 다만 그 권한은 공동체 전체의 통제 아래에 있어야 해요. 언제든 철회될 수 있고, 계속 감시를 받아야 하죠. **특정 개인에게 의사 결정을 맡기는 것 자체가 문제는 아닙니**

다. 단 그 개인이 효과적으로 민주적 통제를 받을 때에만이죠. 그렇지 않은 다른 형태의 위계나 권력은 본질적으로 정당하지 않아요.

서울 – 너무 좋습니다. 마지막으로 질문 두 개만 더 드리고 오늘은 마무리하겠습니다. 시간이 너무 늦었네요. 정말 중요한 질문입니다.

발레리아 – 그러면 그냥 하나만 하고 끝내요. [웃음]

서울 – 그렇다면, 제가 준비한 가장 중요한 질문이 되겠네요.

촘스키 – 봤죠, 사울? 이런 게 바로 정당한 권위예요. [영화 촬영팀을 포함해 모두가 크게 웃음]

서울 – 교수님, 대의민주주의와 참여민주주의가 혼합된 민주주의 체제를 위해 싸워야 한다고 생각하시나요?

촘스키 – 아나키즘의 핵심 원칙은 '공동체 전체가 실제적인 권한을 갖는다'는 겁니다. 이를 실현할 수 있는 여러 형태의 형식적 체제가 존재할 수 있다고 봐요. 이를 조직하는 방법도 많겠지요. 우리는 최적의 사회 조직 형태를 설계할 만큼 똑똑하지도 않고 정보도 부족합니다. 실험을 통해서 많이 탐구할 필요가 있어요. 어떤 것들은 설명할 때는 좋게 들리지만 실제로는 작동하지 않을 수도 있어요. 그래서 탐구하고 배워야 하죠. 이때 반드시 지켜야 할 원칙이 있습니다. 그 하나는 바로 우리가 이야기 나누는 그 원칙이죠. 권력과 권위는 그 자체로는 존재의 정당성이 없을뿐더러, 효과적인 민주적 통제를 받을 때에만 정당성이 있다는 점입니다. 권위는 그 자체로는 정당하지 않아요. 목적과 수단이 실질적으로 민주적일 때에만 정당화될 수 있죠.

무히카_ 촘스키 교수 말씀에 동의합니다. [촘스키를 바라보며] 사회주의는 자주적 관리(자치적)가 아니면 존재할 수 없습니다. 그 점에서 나도 교수님처럼 자유주의자입니다.

* * *

무히카_ 이봐요, 사울. 나는 최근에 그리스와 아테네 민주주의를 다시 공부하고 있어요. 아리스토텔레스는 엄청 급진적이더군요. 그 양반은 시민을 이렇게 정의합니다. '통치하고 심판하는 자.' 즉, 시민은 통치자와 판사가 될 수 있는 사람입니다. 당시 아테네 민주주의는 추첨제였어요. 추첨에 뽑히면 공직에 참여해야 했죠. 그리고 시민 누구나 의회에서 공개적으로 비판할 수 있었고, 재판에도 참여했습니다. 상상해 보세요. 소크라테스를 유죄 판결한 이들도 시민

배심원들이었어요! 지금은 그런 광경을 볼 수 없죠. 우리 체제와는 한참 멀어요. 물론, 당시 그리스에는 노예가 있었습니다. 하지만 크세노폰[29]에 따르면, 노예를 그렇게 잘 대한 곳도 없어요. 전 세계에 노예가 있었지만, 민주주의를 시도한 곳은 그리스뿐입니다. 아무도 감히 할 수 없었죠!

기원전 6세기 아테네에는 빚을 진 노예가 많아 내전 직전까지 갔습니다. 당시에는 빚을 지고 갚지 못하면 노예가 됐죠. 그때 시인 솔론[30]이 등장했습니다. 사람들은 그를 최고 권력을 가진 절대 권력자, '참주'로 선출했어요. 그는 빚을 진 노예들을 해방시키기로 결정했습니다. 노예들은 솔론에게 노예였을 때 잃은 것을 일부 보상해 달라고 요청했지요. 그런데 그건 노예를 빼앗긴 귀족들이 받아들일 수 없는 요구였어요. 솔론은 그들에게 물질적 보상은 하지 않았습니다. 대신, 무엇을 주었을까요? 의회에서 발언할 권리와 투표할 권리를 주었습니다. 눈치챘나요? 그들은 정치적 권력을 부여받는 겁니다. 그렇게 민주주의가 태어났어요! 민주주의는 불평등에 대한 절박한 외침 속에서 탄생했습니다.

물론, 나도 알아요. 아테네는 인구가 20만 명에 불과한 작은 사회였습니다. 하지만 이걸 보세요. 7000명이 아테네 정부 기구를 구성했고, 이들은 순환했습니다. 추첨을 통해 임명돼, 모두가 의회에 응답했습니다. 선출되는 사람은 40명뿐으로, 전쟁에 나설 장군과 재무관이었어요. 근데 재무관은 부자들만 맡았습니다. 만약 횡령을 하면 배상해야 할 재산이 있어야 했기 때문이죠. 이런 제도를 본 적이 있나요?!

시울_ 지금 시대에는 거의 상상조차 할 수 없는 일입니다.

무히키_ 상상도 못 해요, 그렇죠? 지금 보면 그런 게 말도 안 되는 일처럼 보입니다. 고대 그리스 사람들의 대담함은 경이로울 정도예요. 재무관들만 선출하고 나머지는 모두 제비로 뽑았죠. 심지어 판사도. "하지만 그건 말도 안 되는 소리야, 전문성은 어떻게 하고!"라고 반문하는 사람이 적지 않습니다. 말도 안 된다고? 그 제도는 역사상 유례 없는 수준의 참여와 토론을 촉발시켰습니다. 거기에서 연극과 희극이 탄생했어요. 모든 것이 정치적이었습니다! 아무것도 가진 것 없는 시민들은 '노를 젓는 사람들'에 불과했지만, 배에서 내려오면 정치판을 흔들었습니다. 쿠데타 시도도 있었고, 그에 대한 반발도 있었죠. 그러나 그 체제는 거의 300년 동안 지속됐어요! 이는 현대 민주주의의 전체 경험보다 더 길어요! 그리고 지금까지 남아 있는 개념도 있습니다.

물론 나는 그들의 민주주의를 문자 그대로 따라 하자는 말을 하는 게 아닙니다. 그 바탕에 깔린 창의성과 용기를 보자는 겁니다. 지금 우리에게는 그들이 가지지 못한 수단이 있어요. 우리가 말하는 '대의민주주의'가 뭔가요? 우리는 기껏해야 4~5년에 한 번 투표합니다. 그리고? 그리고? 그게 다입니다! 그게 민주주의인가요? 사람들은 아무것도 결정하지 못해요. 아무것도 판단하지 못하죠. 집 옆에 도랑을 하나 파는 것도 결정할 수 없어요. 뭔가를 하려면 관료에게 가서 도장을 받아야 하죠. 지방자치의 작은 문제도 결정할 수 없습니다. 이 기둥을 여기에 세울지 말지도! 아무것도!

시울─ 행사하지 않는 권력은 자기 것이 아니죠.

무히키─ 그래요! 우리는 다른 사람에게 아무 의사결정권도 넘겨주지 말아야 합니다. 우리의 민주주의는 점점 더 위태로워지고 있어요. 부의 집중을 감안하면 상황은 더욱 심각합니다. 라틴아메리카에서 가장 부유한 사람 32명의 재산이 3억 명의 재산을 합친 것과 같다죠. 그런데 이게 최악도 아닙니다! 최악은 그들의 자산이 매년 약 21퍼센트씩 증가하는데, 라틴아메리카 경제성장률은 2~2.5퍼센트밖에 안 된다는 사실입니다.[31] 부자들은 점점 더 부자가 되고, 빈부격차는 점점 더 커진다는 뜻이에요! 사울, 당신의 멕시코 동포인 카를로스 슬림*은 세상에서 가장 부자이죠. 그 사람이 재산을 탕진하려면 하루에 백만 달러씩 써도 약 240년이 걸려요. 말이 돼나요? 제발! 이러한 부의 집중은 민주주의에 가장 큰 위협입니다. 민주주의

---

* 카를로스 슬림Carlos Slim Helú은 멕시코 통신 재벌로 '경제 대통령'으로 불린다. ─옮긴이 주

를 부패시켜, 점점 더 부의 집중에 유리한 방향으로 정치적 결정을 내리게 하는 경향이 있습니다.

시울- 우리 상황이 고대 그리스의 상황과는 매우 다른데요, 그들에게 배워야 할 것이 있을까요?

무히카- 글쎄요….

시울- 예를 들어, 국민투표나 주민참여 같은 걸까요?

무히카- 아, 그렇죠! 저는 우리가 적어도 지역이나 공동체 수준에서 새로운 제도에 관해 고민해야 한다고 봅니다. 국민투표 같은 것들이죠. 예를 들어 멕시코의 경우….

시울- 네, 멕시코에 대해 더 듣고 싶습니다.

무히카- 그러면, 석유와 관련한 결정을 어떻게 했는지 봅시다(2013년 엔리케 페냐 니에토의 에너지 개혁을 언급하며).

시울- 글쎄요, 그 결정은 멕시코에서 내려진 게 아니었습니다(미국에서 결정됐다고 암시하며).

무히키_ 네, 물론 외부에서 결정했습니다. 그런데도 멕시코 정부는 이를 받아들였어요. 그럼, 멕시코 국민은 그 결정에 얼마나 참여했을까요? 내가 이 얘길 꺼낸 이유가 있습니다. 메넴Carlos Saúl Menem Akil이 아르헨티나를 통치했을 때니까, 1990년대에 우리 우루과이를 포함해 라틴아메리카 전역에서 정부 수장들을 필두로 잔혹한 신자유주의 붐이 일어났어요. 그들은 모든 공공자산, 특히 국영기업을 매각하려고 했습니다. 명분은 외채를 갚겠다는 것이었죠. 실제 아르헨티나는 그렇게 했습니다. '할머니가 물려주신 보석'까지 팔아치웠어요. [웃음] 그런데 전보다 부채가 더 많아졌죠. 그런데 우루과이에는 아나키즘의 흔적이 남은 국민투표 제도가 있었습니다. 일정 수의 서명을 모으면 힘을 발휘할 수 있어요. 우리 헌법에 보존된 이 제도 덕분에 국민들이 당시 라카예Lacalle 정부에 맞설 수 있었습니다. 우리는 국민투표를 훌륭하게 치러 정부의 손발을 묶었고, 공기업을 지켜냈습니다. 우루과이는 국영기업에서 석유 정제와 유통을 모두 담당하죠. 전력도 국영기업에서 관리해요. 국민이 식수로 사용하는 수자원도 마찬가지입니다

서울_ 멕시코에서는 그 모든 게 해체됐습니다. 우리 세대는 다른 방식을 알지 못합니다.

무히키_ 그렇습니다! 다만 내가 말한다고 해서 국영기업이 완벽하다

는 뜻은 아닙니다.

시울_ 당연히 그렇죠, 그래도 국영기업은 국민들, 시민들 겁니다.

무히카_ 그래요! 만일 우리과이 국영석유공사ANCAP가 민간기업, 예를 들어 셸Shell 같은 회사의 손에 있었다면, 물론 더 효율적으로 운영됐을지는 몰라도, 수익은 해외로 빠져나갔을 겁니다! 그러면 국가는 도대체 무슨 이익을 볼까요? 없어요! 다른 국영기업도 마찬가지예요. 우리가 그걸 지켜낼 수 있었던 건 바로 국민투표를 덕분이었습니다. 보세요, 우루과이는 사회주의 국가는 아니지만 중요한 공공자산이 여전히 있어요. 지금도 우루과이에서 가장 중요한 은행은 국가 소유입니다. 은행 업무의 65퍼센트를 차지해요. 우리는 국민투표라는 도구를 통해 이 모든 걸 보존했습니다. 공공자산의 민영화에 맞서 싸웠고, 압도적인 지지를 받았어요. 그 문제가 더 이상 논의된 적도 없습니다. 반발이 너무 크기 때문이에요. 그래서 우리가 공공자산을 지킬 수 있었습니다. 그런데 보세요, 사울. 아마도 어떤 이들은 국민투표에 관해 이렇게 말할 겁니다. "대중은 판단할 능력이 없다."

시울_ 네, 맞습니다! "대중이 무지해서 결정할 능력이 없다"라는 말을 많이 들어요.

무히카_ 그러면 스위스 사회를 한번 봐야죠. 스위스는 좌파와는 하나도 관련이 없어 보이는데, 사실 그들은 질릴 만큼 국민투표를 합니다. 그럼에도 난 그들이 잘못된 정책을 만드는 걸 본 적이 없습니다. 한번은 스위스에 비밀 군대가 있다는 사실이 드러났어요. 물론 말도 안 된다고 주장하는 사람들도 있었죠. 그런데 실제 안보 문제 때문에 정부가 정말 비밀 군대를 운영하고 있었습니다. 공개 토론이 벌어졌고, 국민투표를 통해 비밀 군대를 유지하기로 결정했어요. 아시겠죠? 사람들은 설명을 듣고 결정하는 데 익숙해지면, 그다지 어리석지 않습니다!

시울_ 맞습니다. 어느 누구도 '우리 모두'보다 똑똑하지 않습니다.

무히카_ 바로 그겁니다. **사람들에게는 상식이 있어요. 우리가 그걸 믿지 않으면, 사람들도 결코 성장하지 못할 겁니다.** 운동하지 않으면서 어떻게 근육을 키울 수 있나요? 그리스 민주주의가 위대한 건 바로 '자유의 행사'에 있습니다. 단 20만 명에 불과한 사람들이 어떻게 그렇게 많은 역사적 성취를 이뤘는지 설명할 수 있을까요? 참여했기 때문입니다. 소크라테스는 단 한마디도 직접 쓰지 않았습니다. 그는 구두수선공인 시몬의 집에서 대화를 나누곤 했지요. 거기에 플라톤이라는 청년이 그의 말을 들으러 왔습니다. 우리가 소크라테스에게서 아는 전부는 플라톤 덕분이죠. 소크라테스는 단 한 문장도 남기지 않았어요. 우리는 플라톤이 쓴 것으로만 소크라테스를 알 수 있습니다. 나중에 플라톤은 아카데미를 설립해요. 거기에는 "기하학을 모르는 사람은 입학할 수 없다"라는 규칙이 있었죠. 수학을 모르는 사람을 언급한 겁니다. 아리스토텔레스는 15년 동안 플라톤의 아카데미에 다녔어요. 그 후 리케이온Lyceion을 세워 제자를 길렀습니다. 그의 제자 가운데 한 사람이 알렉산드로스 대왕입니다. 그는 알렉산드로스 대왕을 직접 가르쳤어요!

그러니까, 이 짧은 기간에 얼마나 많은 위인이 나온 거예요? 아, 게다가 조각가 페이디아스도 있어요. 거의 미켈란젤로 수준의 예술가인데, 파르테논 신전을 설계한 사람입니다. 연극의 창시자, 희극의 창시자, 온갖 철학 사조가 탄생했습니다. 디오게네스 역시 말년의 아리스토텔레스와 동시대를 살았어요. 아낙사고라스[32]도 있죠. **어떻게 그렇게 귀중한 사람들, 시대를 뛰어넘는 사상가들이 이렇게 한꺼번에 나올 수 있었을까요?**

시울_ 참여!

무히카_ 그렇죠. 민주주의의 실천과 참여를 통해서!

시울_ 집단적 참여를 바탕으로 사회를 발전시킬 수 있죠!

무히카— 바로 그거에요! 아고라*, 그런 모든 것들 말입니다. 자유와 교류의 공적 실천, 끝없는 충돌과 생각의 교환, 이게 바로 우리가 되찾아야 할 것들입니다. 모든 것을 그리스인들처럼 할 필요는 없어요. **오늘날 우리에게는 그리스인들이 갖지 못한 도구가 있습니다. 디지털 세상! 이런 규모의 도구는 없었어요.** 나는 그런 세대는 아니고, 디지털 문화에도 속하지 않지만, 그게 좋든 나쁘든 우리 앞에 놓인 또 다른 지평이라는 건 깨달았습니다.

시울— 저도 확신합니다. 정치가 가야 할 길은 바로 통신 기술을 활용해 대중의 참여를 대규모로 가능하게 하는 것이라고 저는 믿어요. 이제 디지털 민주주의 도구를 넘어, '결정 권한을 대중에게 이양하는 것'이 좌파 정치의 핵심 담론이어야 하지 않을까요? 그런데 그런 일은 일어나지 않고 있어요. 현재 좌파 지도자들 사이에서 이런 사안은 주변적일 뿐입니다.

무히카— 맞습니다. 보세요, **공공재를 늘리는 것에서부터 투쟁을 시작해야 한다고 생각합니다. 하지만 가장 중요한 공공재는 대중이 '결정할 기회'를 갖는 겁니다. 일상의 사소한 것부터 말이에요.** 두 번째

---

* 아고라agora는 고대 그리스 도시국가의 광장으로, 이곳에서 민회나 재판 등 다양한 활동이 이루어졌다. 오늘날에는 공적인 의사소통이나 직접민주주의를 상징하는 말로 사용된다. -옮긴이 주

로는 **'집단적 노동의 조직'입니다.** 자주적 관리와 노동자들의 책임의식이 매우 중요합니다. 국가 자산을 늘리자는 말이 아닙니다. 내가 말하는 건, 국민 스스로가 책임감을 갖고 관리하는 공공자산을 뜻합니다.

시울_ 협동조합 같은 거죠?

무히키_ 네, 맞습니다! 협동조합. 자주적으로 관리되는 기업…, 패배의 고통도 함께 겪고 승리의 기쁨도 함께 누리는 노동자들. 더 이상 고용주를 위해 일하지 않고, 우리는 새로운 시도를 시작해야 해요! 이제 시작할 때입니다. 우리는 경영이 마치 특별한 계층, 즉 기업가라는 우월한 존재의 산물이라는 환상에 너무 익숙해졌어요.

시울_ 아, 맞아요. "너희 노동자들은 모른다. 너는 할 수 없어!"

무히키_ 정확하게는 "너는 안 돼. 그들(경영자)의 비호 아래서 일해야 해." 결국, 그렇게 된 겁니다. 무슨 말인지 알겠죠? 개인 경영보다 집단 경영이 필요한 때입니다. 나는 사람들 안에 재능이 있다고 믿어요. 하지만 그것을 증명해야 하고, 시도해야 합니다. 그렇게 하지 않으면 '닭이 먼저냐, 달걀이 먼저냐' 같은 논쟁만 하게 될 뿐이죠. **뭔가를 운영해 보지 않고, 어떻게 운영 능력을 알릴 수 있을까요?!** 사람들은 그냥 출근해서 8시간 일하고 30일마다 급여를 받는 데 익숙해졌어요. 그러면 아무 상관이 없죠. 정확하게 말하면, 일이 잘될 때나, 일이 잘못될 때나 일터에서의 참여가 제일 중요해요. 회사가 손실을 입었을 때도 이익을 얻었을 때도 노동자들이 참여해야 한다, 이게 책임감이에요.

시울_ 이런 얘기를 할 때면 저는 거의 항상 같은 말을 듣습니다. "사람들의 참여를 허용하는 건 위험하다. 왜냐하면 대다수가 무지하고 무관심하기 때문에, 즉 사람들은 어리석어서 다른 사람이 자신을 위해 결정하는 것을 선호한다." 물론 저는 이 말을 믿지 않아요. 사람들이 참여하지 못하는 건 단지 참여할 공간이 없기 때문이죠. 그나마 존재하는 참여 공간은, 대개 거의 효과가 없는 '미끼' 같은 겁니다. 4~6년마다 투표하고는, 그다음은 누가 알아서 결정하는 구조예요. 하지만 만약 참여를 통해 사람들 스스로 권한을 갖고, 정치적으로 깨어나게 할 수 있는 가능성과 제도, 도구가 있다면…[33]

무히키_ 그래서 바로 내가 고대 그리스의 민주주의를 공부하는 겁니다! 나는 이런 생각을 했어요. '그런데 그 사람들은 그 모든 걸 어떻게 해냈을까?' 핀다로스[34]에게서 우리에게 전해지는 건 무엇인가요? 그는 음악가였는데, 그의 작품은 거의 다 사라졌어요. 페이디아스[35]에 관해서도 거의 모르죠. 그런데 우리는 그리스인들이 한 일이

별로라거나 지금은 안 통한다고 믿고 있습니다. 시간을 건너뛰어, 영국의 경제학자 케인스Keynes는 경제 정책에서 매우 혁신적이라고 평가받았죠. "아, 그렇죠! 케인스주의는 정말 대단합니다!" 그런데 사실 페리클레스[36]가 실업 위기를 해결하려고 파르테논 신전을 지으라고 한 일이 먼저입니다. 당시 천재들이 있어서 파르테논 신전을 지었고, 그 유산이 지금까지 이어지고 있어요.

이런 수준의 사회적 참여가 어떤 건지 이제 알겠나요? 예를 들어, 기독교는 '자비'란 개념을 취해 뿌리내리게 했지만, 원래 그 뿌리는 그리스 문화에 있습니다. 이 모든 게 어떻게 발전해 왔는지를 보면 정말 놀라워요. 거의 모든 인문학의 요소가 그 시대에 시작됐습니다! 대단하죠. 그런데 그 이유는 [웃으며] 바로 '영원한 공론의 장', '끊임없는 토론의 장'이 있었기 때문입니다. 아리스토텔레스의 페리파토스, 즉 공원을 산책하며 가르치는 방식도 마찬가지입니다. 이게 뭔지 알겠죠? 시대가 다르니 지금 그걸 그대로 되돌릴 수는 없겠지만, 중요한 건 그들이 '참여의 실천'을 어떻게 발전시켰는가 하는 점입니다.

시울_ 요즘은 디지털 기술이 있어서, 훨씬 더 많은 사람에게 거의, 즉시, 의견을 묻고 반응을 얻을 수 있습니다.

무히카_ 물론입니다! **오늘날에는 30분 만에 국민 모두의 의견을 물**

을 수도 있겠죠.

시울– 무히카 선생님, 저는 이게 매우 중요하다고 생각합니다. 잠재적으로 급진적인 변화를 의미하는데요, 대중의 양적인 힘이 드디어 질적인 힘으로 전환될 수 있는 시점이 온 겁니다.

무히카– 맞아요. 그렇습니다!

시울– 그렇게만 된다면, 누가 대중을, 민중을, 국민을 막을 수 있겠습니까? 아무도 못 막아요!

무히카– 아무도 없지! **이 디지털 지능의 세계는 완전히 다른 인류를 위한 조건을 만들고 있습니다. 그리고 이건 우리가 지금 상상도 못 하는 제도적 변화로 이어져야 합니다.** 나는 이렇게 생각해요. 새로운 소통 방식은 사회에서 권력과 결정을 분배하는 완전히 다른 형태의 제도를 탄생시킬 겁니다. 적어도 이론적으로는요. 사람들이 이러한 디지털 기기를 통해 참여할 수 있는 수준은, 이전에 꿈꾸고 생각한 그 어떤 것보다 훨씬 더 높습니다. 비슷한 걸 상상하려면, 아테네 민회 정도를 떠올려야 해요. 디지털 도구들이 그 가능성을 열어주기 시작했어요. 하지만 인류가… 사람들이 스스로 결정할 수 있도록 권력을 내려놓을 수 있을지는 모르겠습니다. 왜냐하면 지금 우리가 말하는 이 '민주주의'는 지나치게 관리 중심적이에요. 아무튼, 사람들이 스스로 통치하는 법을 배우는 게 핵심입니다. 기술적 가능성은 이미 존재합니다. 다만, 그걸 실현할 정치적 의지가 있을지 모르겠습니다.

시울_ 그럼, 커뮤니케이션이 21세기 혁명의 한 축이라고 보시나요?

무히키_ 그럼요. 하지만 단순히 '소통'으로서의 커뮤니케이션이 아니라, '의사결정 도구'로서의 커뮤니케이션이어야 합니다. 사람들이 실제로 결정을 내릴 수 있는 소통 구조 말이죠. **이웃이나 지역 사회에서 왜 사람들이 중요한 결정에 참여할 수 없는지 모르겠습니다.** 지금의 기술로도 문제없이 매일매일 의견을 나눌 수 있어요. 그러니 기술의 문제가 아닙니다. 문제는 정치적 의지이죠. "사람들은 정보가 부족하니 조심하세요!"라고 말하는 자들이 적지 않으리라는 점도 알아요. 기술관료나 관료주의자 들은 즉시 반발할 겁니다. 그들에게서 권력을 빼앗는 일이니까요. 대중에게 권력을 넘긴다는 건 누군가에게서 권력을 빼앗는 일임을 명심하세요.

　지금은 사람들이 결정할 수 있는 게 너무 적습니다. 4~5년마다 한 번 투표하는 걸 두고 '민주주의'라고 부르는 건 우스운 일입니다. 그러기엔 터무니없어요. 우리는 제도적으로 엄청난 취약점을 안고 있습니다. 이는 해결해야 할 과제이죠. 나는 다음 세대가 이 제도의 변화를 요구하기를 바랍니다!

그래서 내가 아테네 민주주의를 다시 공부해야 한다고 주장하는 겁니다. 역사상 어느 시기도 사람들에게 그렇게 많은 참여를 허용한 때가 없었어요. 20만 명 남짓한 사회인데도 뛰어난 사람이 그처럼 많이 등장한 시기도 없었죠. 이유는 딱 하나입니다. 높은 수준의 커뮤니케이션과 참여 덕분이에요. 그 사회 전체가 살아 있는 시민 총회였어요! 아테네에서 공적인 건 항상 모든 사람에게 열려 있었습니다. 가난한 사람에게는 극장에 갈 수 있도록 보조금을 지급했어요. 왜냐하면 극장조차 정치의 일부였거든요. 모든 게 정치적이었죠. 인류는 그만큼 대담한 실험을 다시 한 적이 없습니다. 간단히 말해서 소크라테스, 플라톤, 아리스토텔레스, 디오게네스, 페이디아스, 페리클레스, 에우리피데스 같은 서구 문화의 창시자들이 그 작은 사회에서 등장했다는 사실을 기억해야 합니다. 그게 어떻게 가능했을까요? 설명할 유일한 방법은, 그들이 누렸던 참여 수준에 있어요. 우리는 사람들의 참여를 허용하지 않아서 잃어버리는 우리 자산의 가치를 알지 못합니다.

새로운 형태의 커뮤니케이션 도구는 희망적입니다. 물론 이는 긍정적 측면일 뿐이죠. 부정적 측면도 있어요. 여론을 조작하기 위해 알고리즘을 통해 수백만 명에게 맞춤형 메시지를 뿌리는 짓이죠. 이런 방식으로 결정을 통제할 수 있겠죠. 정말 끔찍한 일이에요! 세상의 어느 독재 권력도 그런 힘을 가진 적은 없었습니다. 이런 일이 인류의 미래가 될까 우려스럽습니다.

시울— 맞아요. 저는 우리가 지금 겪는 건, '민주주의의 위기'라기보다는 '대표성의 위기'라고 생각합니다. 21세기에 대의민주주의라는 단순한 개념은 저한테는 모순이자, 희극으로 느껴집니다. 그렇다면 21세기 정당은 어떤 모습이어야 할까요? 여기에 관해 말하는 정당을 저는 보지 못했습니다. 그래서 어디에도 가입하지 않았어요.

무히카— 솔직히 말해서 나도 확신이 서지는 않아요. 하지만 확실히 디지털 혁명은 너무나 중요하고 파급력이 커서, 현재의 대의민주주의가 이대로 계속될 것이라고는 생각하지 않아요. 의사소통과 참여의 역량이 거의 무한에 가까워지고 있고, 앞으로의 제도는 지금처럼 단순한 대표 개념만으로는 버틸 수 없을 것 같습니다. 내가 보기에 **인류는 일종의 독재로 가거나, 아니면 주요한 결정에 모든 시민이 직접 깊이 참여하는 방향으로 갈 겁니다.** 즉, 강력한 딜레마에 직면할 거예요. 하나의 권력이 극도로 집중되는 폐쇄적 체제로 향하거나, 민주주의가 국민투표와 참여민주주의에 훨씬 더 가까워지거나 할 겁니다. 디지털 도구가 이미 모든 곳에 퍼졌으니까요.

시울— 그런 바탕에서 저도 일종의 '정보 프로젝트'를 시작했습니다. 두 분께서 말씀하시는 '집단적 주체'를 디지털로 구현하고 연결하는 시스템입니다. 제 생각에는 어떤 '주체'이든 최소한 세 가지 기본 특성이 있다고 봅니다. 스스로 정보를 얻고, 결정을 내리고, 행동할 수 있는 능력이죠. 그래서 이 시스템은 '집단 주체', 즉 '집단 사용자'를 생성하기 위한 도구입니다. 어떤 집단이든 이 시스템을 통해 함께 정보를 얻고, 함께 결정하고, 함께 행동할 수 있도록 하려고 합니다. 최초의 '집단 사용자 소셜 네트워크'라고 할까요, 이걸 구축하려고 합니다.

이 네트워크의 작동 방식을 더 자세히 말씀드릴 수도 있지만, 오늘 드리고 싶은 말씀이 이거예요. 이 프로젝트는 'Yo Soy 132' 운동 이후에 탄생했습니다. 무히카 선생님과 촘스키 교수님, 그리고 줄리언 어산지에게 영감을 받았죠. 이 다큐멘터리 프로젝트도 사실 이 생각에서 비롯했고요. 두 분과의 사상적 융합이 얼마나 큰 영향을 줄 수 있는지를 제가 직접 경험했기 때문입니다. 미래를 위해서도 무척 소중하고, 없어서는 안 될 것이라고 봐요. 보스턴에서 촘스키 교수님을 처음 뵈었을 때, 제가 이런 말씀을 드렸어요. "선생님의 가르침은 앞으로 수십 년 동안 필요할 겁니다."

아무튼, 드릴 말씀이 너무 많지만… 두 분 덕분에 얻은 중요한 깨달음 하나는 이겁니다. '21세기의 혁명가는 더 이상 권력을 장악하여 분배하는 사람이 아니라, 권력을 장악하지 않고 분배하는 사람이다.' 저는 이제 지도자나 리더에 대한 환상이 없어요. 제가 매력을 느끼는 개념은 '연결자'입니다. 남을 지배하려는 사람들은 더 이상

매력적이지 않아요. 이게 제가 생각하는 방식이고. 이 프로젝트를 구상한 방식입니다.

무히키_ 우리가 도울 수 있는 만큼 돕겠습니다. 보세요, 여기 집 옆에 작은 학교를 하나 지어 동네를 바꾸는 데도 그렇게 오랜 시간이 걸렸어요. 그런데 세상을 바꾸겠다는데, 내가 어떻게 참여하지 않겠어요?

시울_ 오, 그 말씀이 저에게 얼마나 큰 의미인지 정말 모르실 거예요.

무히키_ 당신이 느끼는 불안감은 이 시대 전체가 품은 감정입니다. 지금은 질문하고 실험하면서 길을 모색하는 시대예요. 이건 당연해요. 우리가 사는 세상에서 가장 빠르게 자라는 게 불확실성이니까…. 하지만 중요한 점은 불확실성에 떠밀려 다니면서 자신의 운명을 다른 사람이 결정하게 두지 않는 겁니다. 우리는 각자 자신의 길을 개척해야 해요! 결국 무엇이 남고 무엇이 사라질지는 두고 봐야겠지만, 사고방식에도 자유로운 태도가 필요해요.

분명한 건, 모든 걸 중앙에서 통제하는 국가가 우리의 행복까지 강요할 수는 없다는 점입니다. 우리가 덮을 담요의 색깔까지 알려주려 한다면 [웃으며 탁자를 치면서] 말도 안 돼요. 나는 이걸 대통령 재임 시절에 넥타이 안 매는 걸로 상징적으로 표현했어요. 아주 작지만 이런 상징이라도 유지하려 했죠, 아시죠? 누구도 나에게 무엇을 입으라고 강요할 권리가 없습니다! 왜냐하면 나는 자유로운 인류를 위해 싸우기 때문입니다. 그러니까, 타인이 내가 입을 옷을 어떻게 정해줍니까? 웃긴 얘기죠? 하지만, 곤혹을 좀 치렀지…. [웃음]

한번은 말이에요… [크게 웃으며] 대통령 재임 시절에 노르웨이 국왕을 만나야 했어요. 그런데 사람들이 넥타이를 준비해 놓고 나를 기다리고 있었어요. 그래서 이렇게 말했습니다. "아, 그래요? 그럼, 난 가지 않을 겁니다. 넥타이도 안 매요. 갑시다!" 그랬더니 다시 와서는 나한테 가지 말아달라고 하더군요. [웃음] 우스갯소리지만, 아무튼 그건 상징이에요.

시울－ 무슨 말씀인지 알겠습니다. 그 의미가 엄청나네요.

무히카－ 네, 난 상관없어요…. 식탁을 차리든, 식탁보를 놓든, 뭐든 다 괜찮습니다. 하지만 내 자유를 건들지는 마라 이겁니다. 사람들에게 그걸 가르치고, 그걸 위해 싸워야 합니다. 사회주의는 50년 뒤, 20차 5개년 계획이 끝나고 나서 오는 게 아니에요. 첫 번째 사회주의는 우리 안에 있고, 첫 번째 응답은 문화적인 것에서 시작됩니다! 우리 세대는 순진하게 생산관계만 바꾸면 새로운 인간을 만들 수 있을 걸로 믿었어요. 그런데 신이라도 도움을 청할 만큼 우리 자신을 질식시키는 관료주의를 갖게 됐어요! 그렇죠? 어느 방향으로 가

야 할지는 모르겠지만, 아무튼 그 길이 아닌 건 분명해요. [크게 웃음]

나는 이 문제를 차베스와도 논의했습니다. 내가 이렇게 말했어요. "이봐요, 당신은 영혼까지 바쳐가며 뭔가를 고치고 있긴 하죠. 하지만, 사회주의라고요? 어림없어요. 당신에게 돌아오는 건 당신을 옥죌 관료주의예요, 형제여!" [웃음]

서울_ 그리고 결국 그런 일이…(차베스가 암살당했을지 모른다는 의혹을 암시).

무히카_ 네…. [긴 침묵] 고귀한 의지 하나(차베스)로는 부족해요. 보세요, 사람들 스스로가 결정하고, 참여하고, 승패를 경험해야 합니다. 그게 없으면 우리는 앞으로 나아갈 수 없습니다.

정치인과 지식인

시울– 무히카 선생님, 이 모든 사안에서 정치의 역할이 무엇이라고 생각하시나요?

무히카– 글쎄요, 저는 인간이 사회적이고 혼자 살 수 없으며, 따라서 사회가 필요하고, 사회에는 당연히 갈등이 수반된다고 봐요. 누군가는 사회의 갈등을 중재해야겠죠. 그게 바로 정치의 역할이죠. 정치는 인간관계의 일부입니다. 나는 아리스토텔레스와 마찬가지로, 인간은 필연적으로 정치적 동물이지만 정치를 직업으로 여겨서는 안 된다고 봅니다. 여기에 정치의 독이 있어요. 정치를 시장의 상품으로 인식할 때, 정치를 통해 개인의 경제 문제를 해결하려고 하거나 사회적 요구가 아니라 개인의 이익을 추구할 때, 정치가 시장처럼 변질되죠. 이게 현대 정치의 모순입니다.

오늘날의 사회는 무척 복잡하다는 문제가 있어요. 우리가 다루는 '민중'이라는 개념에는 수많은 이해관계와 때때로 서로 상충하는 관점들이 뒤섞여 있습니다. 예를 들어, 정당은 약화되지만 부분적으로 사회운동은 증가하고 있죠. 초록바다거북을 위해 싸우는 사람들이나 어느 늪지대를 위해 싸우는 사람들이 있습니다. 특정 문제가 산재해 있지만, 이런 개별 문제가 통합되지 못하고 있어요. **이게 일시적인 현상인지 고질적인 상황인지는 모르겠지만, 아무튼 분명한 건 그 어느 때보다 정치가 필요하다는 점입니다.**

정치는 정확한 과학이 아니에요. 앞으로도 아닐 겁니다. 정치는 때로 수많은 불확실성 속에서 결정을 내려야 하는 일이지요. 그럼에도 불구하고 결정을 내리는 겁니다. 인류가 각자의 관점만 고수하고, 공공의 이익을 통합하지 못하면 재앙이 일어나기 때문이에요. 사회라는 자산이 생존하려면 정치가 작동해야 합니다. 이게 바로 내가 아리스토텔레스의 오래된 개념인 "인간은 정치적 동물이다"를 중요하게 여기는 이유예요. 인간은 사회적 존재라 공동체를 이룹니다. 공동체는 모순으로 가득 차 있기 때문에 생존하려면 '우리'라는 공동체의 존재를 보장해 주는 정치의 개입이 필요해요. 그렇지 않으면 만인이 서로 싸우는 정글로 돌아가겠죠.

그래서 나는 정치인들의 가장 심각한 문제가 정치를 타락시킨 것이라고 주장합니다. 정치에 참여하는 사람들이 자본주의 병에 걸렸어요. 지위, 명예, 돈을 얻기 위한 수단으로 정치를 합니다. 이는 정치에 침을 뱉는 짓이죠. 정치는 개인의 이익이 아니라 공공선을 위한 투쟁이어야 해요. 모든 사람이 이렇게 생각하지는 않겠죠. 그래서 그런 생각을 지닌 사람을 잘 골라야 합니다.

정치가 실패하는 이유 대부분은 정치 행위가 일종의 사기처럼 보인다는 데 있습니다. 정치인은 돈을 많이 받아야 할 것 같고, 중요한 일을 하니까 호화로운 집에 살면서, 많은 하인과 지지자가 필요하다고 여겨지는 거죠. 그러면 그 정치인들은 더 이상 공화주의자가 아닙니다. 공화국이 왜 만들어졌나요? 봉건주의에 맞서 '그 누구도 다른 누구보다 우월하지 않다'라고 주장하는 게 그 핵심 이념이었습니다. 이제는 '백작님'이 없는 대신에 '상원의원님', '장관님', '대통령님' 등이 있어요. 이건 결국 사람들을 기만하는 사기극이에요. 제도는 실패하지 않아요. 우리 인간이 실패할 뿐입니다. 인간은 실패를 제도의 탓으로 돌려버리죠. 제도에 기적을 바라지 맙시다. 문제가 있는 건 사물(제도)이 아니라 사람이에요. [웃음]

서울– 무히카 선생님은 대통령이었습니다. 대통령은 모든 권력을 가진 자리인가요?

무히카– 그게 무슨 말입니까! 그건 그냥 사람들이 욕하면서 스트레스를 풀 수 있는 허울 좋은 노인네가 되는 거죠. [웃음] 권력은 파악하기 어려운 겁니다. 실제 권력은 사회에서 경제를 관리하는 사람들에게 분산되어 있어요. 그러니까 대통령이 된다는 건, 가장 강력한 모순을 조율하고 협상하려고 노력한다는 뜻이지, 진짜 권력을 갖는다는 게 아니에요. 그건 환상입니다. 권력은 다른 곳에 있어요. 실재하지만 거의 모습을 드러내지 않아요.

시울— 촘스키 교수님, 같은 맥락에서 지식인의 역할은 무엇이라고 생각하시나요?

촘스키— 지식인의 역할은 공공의 장에 참여해, 자신들이 가진 특별한 능력을 공공에 기여하는 거라고 봅니다. 지식인은 그저 특권을 가진 사람일 뿐 특별한 존재가 아니에요. 이들은 지식이라는 특권 덕분에 공공의 장에 참여할 수 있는 자격이 있을 뿐입니다. 거기서 다른 사람들과 마찬가지로 자신의 지식과 통찰을 나누는 거죠. 예를 들자면, 재생에너지에 관해 논의할 때, 과학자는 자신이 알고 이해하는 내용으로 기여할 수 있겠죠. 엔지니어, 건축가, 장인도 각자의 경험과 기술을 통해 기여할 수 있습니다.

　대중운동은 이런 방식으로 발전해 왔습니다. 실제로 1930년대 같은 시기를 보면, 많은 저명한 과학자와 수학자가 노동자 교육 프로그램에 직접 참여했어요. 그런 일이 충분히 가능합니다. 그래서 존경받는 수학자가 일반 대중을 위해 《만인을 위한 수학*Mathematics for Millions*》 같은 책도 쓴 거죠. 또 버넬[37] 같은 유명한 과학자도 대중 교육 프로그램에 직접 참여했어요. 그게 바로 지식인이 사회에 기여하는 방식입니다.

콘도르의 지혜

무히키_ 우리 문명에서는 오랜 시간 동안 일신론적 세계관이 작동해 왔습니다. 종교는 물론이고 인본주의가 받아들인 이 세계관은, 인간을 살아 있는 자연의 정점에 올려놓았죠. 그 결과 우리는 '권력을 가졌기 때문에 권리가 있다'고 착각합니다. 현재 우리 문화는 우주의 광대함 앞에서조차 겸손하지 않아요. 인류학적으로 우리는 참을 수 없을 만큼 자만심이 강한 존재예요. 우리는 스스로를 매우 중요하다고 믿고는, 모든 게 인간에게 달렸다고 생각합니다. 그런데 우리가 벌이는 짓은 야만적일 뿐입니다. [쓴웃음] 우리 생명이 바퀴벌레의 생명보다 더 가치가 있을까요? 핵전쟁 뒤에 살아남는 존재는 바퀴벌레일 테고 우리는 다 사라질 텐데! [웃음]

촘스키_ 그런 점에서 원주민 사회들, 특히 '콘도르의 민족'이 현대 문명에 기여하는 바가 크다고 봅니다. 잘 아시다시피, 원주민 인구가 많은 볼리비아와 에콰도르 같은 나라들은 '자연의 권리'를 법적으로, 심지어 헌법에 명시했습니다. **이른바 문명 세계에 대한 기여라고 할 수 있는, 자연의 권리를 위한 이 투쟁은, 사실상 세계 곳곳의**

원주민 사회와 부족 사회에서 비롯한 겁니다.

무히카_ 그런데 우리는 분명 점점 더 미쳐가는 것 같습니다. 원주민들의 목소리를 듣고 환경 문제를 개선하기 위해 싸우는 대신, 우리는 외려 산업의 규모로 서로를 죽이고, 가능한 한 모든 걸 파괴하기로 결심한 듯 보입니다. 지금은 우리 문명에서 전쟁의 북소리가 울리고 있어요. [우크라이나 전쟁을 언급하며] 우리에게 정말 필요한 건 정반대 방향인데 말입니다.

촘스키_ 걱정할 이유가 많습니다. 무히카 선생께서 사는 지역부터 이야기해 보죠. 바로 옆 나라, 발레리아의 모국인 브라질에서는 정부가 인류 생존의 희망을 짓밟고 있어요. 과장이 아닙니다. 아마존 파괴는, 특히 보우소나루Jair Messias Bolsonaro 정부에서 그 속도가 그 어느 때보다 가속화됐어요. 이는 단지 브라질에만 잔혹하고 끔찍한 미래를 안겨주는 일이 아닙니다. 지구 생태계에 매우 중요한 역할을 하는 아마존 열대우림을 파괴해서 인류 전체의 생존에 심각한 위협을 가하는 일이죠. 게다가 그곳에 살고 있는 수많은 원주민 공동체도 함께 파괴되고 있어요.

브라질의 부족들, 캐나다의 퍼스트네이션[38], 미국에서 학살을 피해 살아남은 원주민들, 호주의 원주민들, 인도의 부족 공동체 등, **전 세계 곳곳의 원주민 공동체는 우리에게 필사적으로 보여주려고 노**

력하고 있습니다. **자연을 파괴하지 않고 보존하면서 자연과 조화롭게 살아가는 방식을요. 반면 우리, 이른바 '독수리의 민족'은 자연을 파괴하는 법만 알고 있죠.** 현대인들은 파괴하는 기술력이 무한하다는 사실을 입증해 왔습니다. 잊을 수 없는 날인 1945년 8월 6일(미국이 일본 히로시마에 원자폭탄을 투하한 날) 이후, 인류는 모든 걸 파괴할 수 있는 능력이 있음을 입증했습니다. 인류 역사의 중대한 전환점이었어요. 문제는 '인류에게 이 파괴적 충동을 통제할 도덕적 능력이 있는가'입니다. 이런 점에서 우리는 전 세계 원주민 공동체로부터 배울 점이 있습니다. 그들은 수천 년 동안 그 능력을 성공적으로 실천해 왔으니까요. 이걸 낭만적으로 보이게 하고 싶지 않지만, 본질적으로 사실이에요. 우리는 그들에게 배워야 해요. 하지만 안타깝게도 배울 시간이 많지 않습니다.

무히카 선생, 당신 생각이 궁금합니다. 예를 들어, 에보 모랄레스가 마을에서 개발 프로젝트를 진행할 때, 일부 원주민 집단과 겪었던 갈등에 대해서 말이죠.

무히카_ 네, 에콰도르에서도 많이 드러났던 강력한 모순이 있지요. 이는 '개발'이라는 이름으로 파차마마Pachamama(대지의 여신)와 특정 원주민의 전통을 침해하는 사건이었어요. 어려운 문제예요. 무척 어렵습니다. 하지만 조심할 게 있어요. 아메리카 대륙에는 유아적 생태주의[39]가 있어요. 이는 현실과 많이 동떨어진 일부 지식인 집단이 전형적으로 보이는 모습입니다. 이들은 때로는 외부 자금으로 운영되는 NGO나 국제 운동의 형태로 들어오지만, 정작 땅에서 직접 일하며 생활하지는 않아요. 미디어 세계와 서비스 중심의 활동으로 살고 있지만, 실제 노동에는 참여하지 않는 경우가 많죠. 문제는 많은 원주민 공동체가 이런 집단에 영향을 받고, 때로는 이용당하기도 한다는 점입니다.

촘스키_ 그렇다면 외부 NGO의 영향을 받지 않는 원주민 공동체는 어떻게 보십니까? 개발 프로그램에 맞서, 자신들의 문화와 공동체를 지키려는 진지하고 진정성 있는 노력이 있다고 보지 않습니까?

무히카_ 네, 물론이죠! 당연합니다! 아이마라[40] 문화가 있고 케추아와 과라니[41] 전통도 있습니다. 모든 원주민 세계에는 정말 진지한 요소들이 있지요. 분명해요. 상상해 보세요. 땅에 깊은 우물을 파는 것조차 신성한 금기로 여기는 곳이 있어요. 그건 그들에게 옳습니다!

촘스키_ 원주민 공동체가 자신들이 살고 일하는 지역에 영향을 미치는 대규모 인프라 프로젝트 건설에 대해 우려하는 건 어떻게 생각하십니까?

무히카_ 문제가 있습니다. 특히 광산 개발이나 석유 개발 같은 건 모두 환경 문제를 야기하죠.

촘스키 개발 목표와 원주민의 이익을 조화롭게 맞출 방법이 있다고 보십니까?

무히카 그런 문제는 협상해야 합니다. 인내심을 가지고 국민 참여를 통해 정책을 마련해야죠. 사람들이 납득하지 못하면 갈등만 증폭됩니다. 문제는 백인[42]들이 많은 잔학 행위를 저질렀다는 겁니다.

촘스키 과거에는 그랬죠. 그런데 오늘날은 어떻습니까? 내 말은, 지금도 여전한가요?

무히카 내 생각에, 이제 백인은 이전에 보지 못한 것들을 볼 수 있는 도구를 갖췄어요. 하지만 자본주의는 눈이 멀었습니다. 아니, 정확히 말하면 오히려 '주머니'밖에 안 보일 뿐이죠.

촘스키 사실이지만, 내가 가장 우려하는 문제는 이거예요. 코레아나 모랄레스처럼 원주민 다수의 지지로 탄생한 정부가 원주민의 진정한 이익과 일치하는 개발 프로그램을 수행할 수 있을까요?

무히카 그 모든 게 아주 큰 도전입니다. 국가 내부의 '계급투쟁'의 대상이기 때문이죠. 예를 들어, 에보 모랄레스는 산타 크루스[43] 지역의 농산물 수출을 주도하는 지역 기득권층[44]과 싸워야 했어요. 이들의 이해관계는 고지대 원주민 지역과 일치하지 않습니다. 그곳에서 그는 매우 힘든 싸움을 벌였습니다.

에콰도르에서 코레아도 비슷한 상황을 겪었습니다. 코레아는 공공연하게 기득권 편에 선 은행가 출신 지도자와 맞서야 했어요. 그 작자가 지금 대통령 기예르모 라소Guillermo Lasso입니다. 에콰도르에서 미국 우익, 즉 공화당 유형을 대표하는 자입니다. 콜롬비아에는 2100만 명의 노동자가 있어요. 그중 제대로 은퇴할 가능성이 있는 사람이 100만 명도 안 될 겁니다. 그러니까 라틴아메리카의 상황은 너무 복잡하고, 지역별로도 차이가 큽니다.

4
케찰

디지털 사용자 혁명을 위하여

신자유주의의 세대인, 1981년에서 2012년 사이에 태어난 밀레니얼세대와 Z세대는 다가올 수십 년을 책임져야 한다. 이 시기는 인류 역사상 가장 복잡하고 위험할 것이다. 우리가 물려받은 이 자기파괴적 문명은 생태적·경제적·정치적·사회적으로 지속 불가능하며, 핵·기후·기술 재앙 또는 이 모든 것이 결합된 형태의 대재앙 가능성 탓에 그 붕괴가 가속화되고 있다. 이런 위기는 전례가 없다. 그 어떤 재앙이든 단 하나만으로도 21세기 인류의 생존 가능성이 조기에 사라지기 때문이다. 또 과학계의 공통된 전망에 따르면, 2050년 이전에 우리에게 그 재앙이 닥칠 것으로 보인다. 인류 역사상 어떤 세대에게도 이토록 막대한 도전과 책임이 주어진 적은 없다.

우리는 '유리 세대'[45]라고도 불린다. 앞의 언급이 피해의식이나 자기중심적 환상처럼 보일지라도, 사실 이건 우리 모두가 직면한 현실일 뿐이다. 1945년 이후, 지구상의 생명을 멸종시킬 수도 있는 핵전쟁의 위험이 커진 건 사실이지만, 인류 역사상 자멸적 전쟁에 이토록 가까웠던 적은 없었다. 소위 1962년 쿠바 미사일 위기 당시에도 이 정도는 아니었다. 그런데 이는 오늘날 우리가 대처해야 할 종말적 위협 가운데 하나일 뿐이다.

이러한 상황을 고려할 때, 세계의 정치·경제 지도자들이 21세기의 위기를 감당할 능력이 없음은 이론의 여지 없이 명백하다. 우리는 소수 엘리트가 쥔 고삐에 따라 자멸의 길에서 계속 태연하게 걷고 있다. 그와 동시에 수천 년 동안 볼 수 없었던, 다른 종들의 대량 멸종마저 초래하고 있다. 말할 필요도 없이, 이러한 리더십에 이끌린 우리들은 상상할 수 없는 수준의 불평등을 겪고 있다.

우리 문명을 하나의 발전 과정에 있는 유기체로 본다면, 현재 문명은 좋든 나쁘든 청소년기의 한복판에 있다고 볼 수 있다. 급격히 뛰어난 기술적·지적 능력을 갑자기 획득했지만, 이를 통제하지 못한 채 스스로에게 위협이 되는 상태에 있기 때문이다. 강력하면서도 무책임하고, 열광적이면서도 불안정한 우리 인류는 앞으로 수십 년 안에 성숙한 존재가 되어야 한다. 그렇지 않으면 우리 종은 자멸하거나, 행운이 따른다고 해도 '막대기와 돌의 시대'로 돌아가 다시 시작하게 될 것이다. 이것이 바로 밀레니얼세대와 Z세대에게 주어진 역사적 사명이다. 즉 인류의 미래를 위협하는 미성숙함을 대체할 수 있는, '성숙한 문명을 세우는 것'이다.

성인이란, 자신의 삶에 책임을 지고, 자율적·독립적으로 결정을 내리며, 그 결과에 책임지는 사람이다. 오늘날 우리 사회는 성인이 많지만, 온전히 성숙한 시민은 부족하다. 구조적으로 불가능하기 때문이다. '누가 결정할지를 결정하는 것'은 진정한 결정이 아니다. 결정할 권한을 가진 사람을 4년 혹은 6년마다 선택하는 건 진정한 민주주의가 아니다. 따라서 이 거대한 문제는 본질적으로 정치적이다. 즉, 집단 안에서 누가 무엇을 결정할 것인가에 대한 갈등이다. 그러나 21세기에는 이 문제를 기존 엘리트를 더 나은 엘리트로 대체하는 방식으로는 해결할 수 없다. 이 패러다임은 인류세가 시작되면서 무효화되었다. 이는 문명이 성년기에 접어들었음을 뜻한다. 이제 젊은 세대는 '정치 집단'이 아니라 '정치 자체'가 계급화된 것이 문제임을 깨달아야 한다. 그러므로 우리의 운명을 스스로 다스리되, 타인(엘리트)에게 맡기지 않는 것을 새로운 패러다임으로 삼아야 한다. 그 엘리트는 소수 지배자와 억만장자로, 영화관 하나에 모두 들어갈 수 있는 한 줌의 작자들이 80억 인류의 운명을 쥐고 있다.

그러면 우리는 어떻게 우리 스스로를 다스릴 수 있는가? 이에 대한 절대적인 답은 없다. 우리가 아는 건, 시행착오를 여러 단계 거치리라는 점뿐이다. 따라서 초기 단계의 이 '문명적 성인기'는 수십 년 또는 수백 년이 걸릴 수도 있다. 따라서 하루아침에 '국가'를 없애는 건 가능하지도 바람직하지도 않다. 그러면 다음 날 국가의 모든 기능을 누가 대신할 수 있겠는가? 또한 스스로 다스린다는 건, 한 사람이 명령하고 다른 사람이 복종하는 계층 구조 자체가 잘못되었다는 뜻이 아니다. 복잡하고 전문화된 사회에서 위계는 필요하다. 그러나 이러한 위계는 실질적 민주주의 체제 안에서만 정당화될 수 있다. 정치적인 측면에서 이는 시민들의 의지가 공공 정책을 결정해야 한다는 뜻이다.

하지만 우리는 200년 동안 대의민주주의를 통해 이것이 바로 예외적인 경우였음을 확인했다. 우리 대표자들은 국민들의 의지나 요구에 관심을 두지 않고 대부분 자신들의 이익을 우선시한다. 그렇기에 21세기의 투쟁은, 모두가 직접 참여하여 집단적으로 함께 통치하는 체제를 만드는 것이 목표다. 소수가 자기들 말고는 아무도 결정할 수 없다고 주장하면서 모든 것을 결정하는 체제에 종속되어서는 안 된다.

21세기의 시민에게는 더 이상 대표자가 필요 없다. 이러한 변화를 위해서는, 사회구조의 아래에서부터 위로 올라가는 방식으로, 먼저 이에 관한 정치적 인식을 형성하고, 그런 다음 시민들의 참여를 제도화하는 구조를 만들어야 한다.

이를 위해 밀레니얼세대와 Z세대는 국민투표, 국민발안 같은 제도뿐 아니라, 생산과 노동 영역에서는 협동조합처럼 노동자가 기업의 소유권과 의사결정권을 갖는 형태를 통해, 권력을 대중에게 점진적으로 이양해야 한다. 결국 우리에게는 '소수가 지배할 것인가' 아니면 '모두가 함께 지배할 것인가'라는 두 가지 선택지밖에 없다. 전자는 이미 재앙에 이를 정도로 실패했지만, 고대 그리스는 직접 참여를 통해 이미 찬란한 문명을 만들었다. 물론, 아테네는 규모가 작은 사회였지만. 집단적으로 결정을 내리는 건 결국 의사소통의 문제일 뿐이다.

디지털 시대인 지금, 이와 유사한 시스템을 대규모로 운영하는 데 기술적 한계가 있다는 주장은 어리석다. 다만 새로운 도구를 구축해야 할 필요가 있다. 다른 영역과 달리 정치가 아직 디지털화되지 않은 건, 중개자 즉 통치자와 경제 엘리트에게 이득이 없기 때문이다. 결국 '권력 분산'이 중요하다. 이는 단지 암호화폐나 블록체인 기술을 활용하자는 언급이 아니다. 대중이 참여하고 그 결정에 책임을 지는 경험을 통해 배우는 정치의 대중화를 말하는 것이다. 이것이 바로 성숙한 시민이 되는 길이기도 하다.

지금은 소수만이 대다수를 대신하여 결정을 내린다. 그러나 이 시스템에는 결함이 많다. 사회경제적 피라미드의 꼭대기에 위치한 지배적 소수는 전 세계 인구를 대신하여 내리는 결정의 결과에 대해 책임을 지지 않는다. 오히려 그 피해는 전 세계 민중이 떠안고, 대다수가 손해를 입는다. 따라서 이런 구조를 더 이상 지속할 수 없다.

이제 우리 젊은 세대는 전략을 바꿔야 한다. 이 시스템을 파괴하려는 시도는 시스템을 영속시키는 데 도움이 된다는 사실을 깨달고, 새로운 시스템을 구축해야 한다. 지금의 싸움은 시스템 관리자를 비디오테이프나 CD처럼 쓸모없게 만드는 것이다. 이는 평등한 조직 모델을 자율적이고 집합적으로 구축하는 것을 의미한다. 그래야 권력을 독점하는 기존의 대표자를 정당화하는 시스템의 정당성이 사라진다. 그러므로 권력과 시민 사이의 중개자(소수 권력자)들을 정면으로 부수는 게 아니라, 그들이 스스로 사라질 수밖에 없는 조건을 만들어야 한다. 왜냐하면 그들은 비효율적이고 불공정하며, 현 문명 수준에서는 자멸하는 존재이기 때문이다.

사용자가 시스템을 지배하는 것, 이는 의심할 바 없이 혁명이다. 이러한 문명의 도약을 이루려면, '집단적 자기 결정'이라는 패러다임을 중심에 두는 문화적 변화가 필요하다. '21세기 혁명가는 더 이상 권력을 쥐고 나눠주는 사람이 아니라 권력을 쥐지 않고 나누는 사람'이 될 것이다. 그러므로 오늘날 투쟁은 국민을 통치하기 위함이 아니라, 국민이 스스로를 통치하게 하기 위함이다. 이 시점에 이에 반대하는 생각은 매우 비문명적임을 밝힌다.

이 정치적 전환 과정에서, 사이버 공간과 커뮤니케이션 영역에서의 싸움도 매우 중요하다. 인터넷은 인류가 처음으로 자기 자신과 대화할 수 있게 해준 도구이기 때문에, 시민들을 대규모로 조직하려면 이 전례 없는 기회를 활용해야 한다. 불행하게도 연결의 시대는 자유와 접근성을 약속했지만, 실제로는 전혀 다른 일이 일어났다. 연결은 사용자를 상품으로 삼는 소수의 디지털 독점기업에 우리를 종속시켰다. 여기서 '상품'이라고 표현한 이유는 구글이나 페이스북 모두 사실상 무료 서비스가 아니기 때문이다. 이러한 강력한 기업의 시장 가치는 사용자에게서 정보(데이터 및 메타데이터)를 추출하는 능력과, 이 정보를 바탕으로 개인의 행동 패턴에 대한 은밀하고 영구적인 연구를 통해 개인화된 콘텐츠를 대량으로 제공함으로써, 사용자의 의사결정에 영향을 미치는 능력을 기반으로 확립된다. 그리고 이런 현상은 인공지능, 소위 'AI 기반 프로파간다 머신'의 등장으로 가속화할 것이다. 이것이 바로 권력을 영속시키기 위해 시스템 관리자가 어떤 희생을 치르더라도 구축하려고 하는 인간상이다. 그들은 이를 위해 문명 붕괴라는 대가조차 감수할 것이다. 그 소수의 이익은 인류 전체의 생존이나 지구상의 대다수 생명체의 존속과 양립할 수 없기 때문이다.

우리 젊은 세대는 지금보다 훨씬 더 큰 결단력으로 사이버 공간에서의 싸움을 시작해야 한다. 이에 앞서 염두에 두어야 할 점이 있다. 프라이버시 보호를 위한 싸움에서 우리가 이미 졌다는 사실이다. 자본주의 체제 안에서는 구글이나 페이스북 같은 기업이 사용자의 권리를 존중할 가능성이 없다. 그렇다고 이 싸움이 끝났다는 것은 아니다. 오히려 새로운 전략이 필요하다. 우리가 디지털 독점기업을 통제할 수 없다면, 그들에게 의존하지 말아야 한다. 그러려면 매우 다른 목표와 전술이 필요하다. 공통 관심사를 중심으로 사용자를 연결하는, 대안적이고 분산된 플랫폼을 함께 구축하는 것이다.

우리는 단순한 '연결'의 함정에서 벗어나, 마을·도시·국가·기업 등 모든 집단이 스스로 정보를 얻고 집단적·자율적으로 결정하고 행동할 수 있는 '조직화된 소통'의 시대로 나아가야 한다. 분산된 플랫폼을 통해 중개자를 없애야 한다. '서로 연결되어 있는 것'과 '하나로 묶여 있는 것'은 다르다. 효율적인 집단 디지털 사용자가 구성하는 분산된 플랫폼을 통해 우리 사이를 연결하는 것과 소수의 디지털 독점기업에 모두 묶여 있는 것은 분명 다르다.

직접민주주의의 기술적 도구로 볼 수 있는 집합적 소통은 민주주의의 필수 기반이 될 것이다. 즉, 이로써 지금까지는 없었지만 이제는 없어서는 안 될 '실시간 여론'을 제공할 수 있다. 현재 민주주의가 위기를 맞은 이유는 시민의 의사를 제대로 반영하지 못했기 때문이다. 그 이유는 시민들의 의견을 실시간으로 확인하거나 반영할 수 있는 시스템이 없기 때문이다. 그렇다면 대표자들은 어떻게 시민의 뜻을 대변할 수 있을까? 자신이 대표하는 집단의 의지를 지속적으로 모니터링하지 못하는 상황에서 어떻게 공공정책을 결정할 수 있을까? 여론과 정책 사이의 괴리, 즉 민주적 결함을 어떻게 측정할 수 있을까?

여론은 사실상 실체가 없다. 이런 상황에서 "우리는 민주주의 사회에 살고 있다"라고 주장하는 것은 터무니없다. 이러한 부재 속에서 실제 여론 대신 '언론이 퍼뜨리는 의견'이 빈자리를 채우게 된다. 대다수의 사람이 언론을 통해 정치화되는 까닭은, 직접적으로 정치에 참여할 기회가 없기 때문이다.

따라서 실시간 여론에 접근하는 일은 미룰 수 없는 시급한 과제이다. 동시에 시민들이 스스로 정보를 얻고, 결정을 내리며, 공동으로 행동할 수 있는 자율적인 디지털 플랫폼을 개발해, 언론을 집단적으로 장악해야 한다. 이는 특히 민주적 목적을 지닌 연구와 기술 개발 분야로서 '집단지성'을 시작할 수 있는 기반이 될 수 있다. 집단지성과 인공지능의 차이는, 전자가 시민으로부터 유기적으로 형성되는 반면, 후자는 소유자가 통제하는 기계에 기반해 구축된다는 데 있다.

따라서 구글이나 페이스북처럼 통제하기 어려운 기존 언론을 통제하려는 시도보다는, 실질적인 영향력을 갖춘 여론을 직접 등장시켜 힘을 발휘하게 해야 한다. 여론을 참조할 수 없는 한, 그것은 사실상 존재하지 않는 것이나 마찬가지다. 권력은 '결정할 수 있는 능력'에 있다. 21세기에 살아갈 생명 중심적이고 기술 중심적인 문명을 건설할 수 있을지 여부는, 결정권을 얼마나 빨리 대중에게 이양하느냐에 달려 있다. 그리고 이는 시민들이 정치에 무관심하고 참여할 능력이 없다는 신화를 무너뜨리는 일에서 시작된다.

우리 젊은 세대는 우리가 물려받은 문명 모델을 중단시키고, 사회적·기술적 발전을 제한하지 않으면서도 생명의 균형을 회복할 수 있는 전 지구적 공존의 기반을 마련해야 한다. 이를 아주 짧은 시간 안에 달성해야 한다. 소수에게 권력이 집중되고 사회가 위계적으로 구성되는 것이 역사적으로 새로운 일은 아니지만(항상 그런 것도 아니지만), 인류세에 들어서면서 우리 문명은 점차 지질학적 힘으로 변모했다. 그 결과로 지구상 모든 종의 생존을 가능케 하는 생태계의 순환을 전 지구적 차원에서 중단시킬 수 있는 지경에 이르게 했다. 이 마지막 사건이 모든 것을 바꿔놓았다.

정체성 위기와 끔찍한 자제력 결핍 속에서도, 강력하고 충동적인 우리 문명은 마치 사춘기를 겪는 청소년의 손에 이끌린 듯 엄청난 질적 도약을 시도하고 있다. 그 결과 이 문명은 자기 파괴의 길로 들어섰고, 지구 전체 종의 대량 멸종 위기를 초래했다. 우리가 지금까지 의존해 온 제도들이 전 세계적으로 심각한 신뢰의 위기를 겪는 것은 우연이 아니다. 거리에서는 정치적 양극화가 심화되고 있다. 이는 모든 청소년이 세상에서 자신의 위치를 정의하려고 할 때 겪는 불확실성과 혼란의 상태를 그대로 반영한다. 게다가 정보의 흐름과 사회구조를 변화시키는 디지털 기반의 새로운 소통 방식은 이 현상을 가속화하고 있다. 이러한 모든 변화를 고려할 때 우리는 적응할 시간이 충분하지 않다. 따라서 이보다 더 중요한 싸움은 없다. 우리는 이 문제를 즉각 해결해야 한다.

우리가 '진정한 민주주의 사회'에 살고 있지 않다는 점은 분명하다. 오늘날의 정치 지도자들과 지배적인 경제 체제는 여전히 '민주주의'를 말하며 자신들을 포장하고 있지만, 민주주의는 죽었다. 그들이 말하는 민주주의란 부유한 소수가 다수를 지배하는 정의롭지

못한 체제인 '금권 정치'에 불과하다. 인류는 지구에서 지속 가능할
수 있다. 지속 가능하지 않은 것은 바로 전 지구적인 지배 체제이다.
결국 해결책은 사용자가 직접 시스템을 통치하는 것뿐이다.

미래는 여전히 우리 앞에 있다

촘스키_ 긍정적인 신호가 있다는 점을 말하는 게 중요해요. 영국의 코빈, 미국의 샌더스 같은 인물들이 그렇습니다. 나는 이들이 큰 희망을 준다고 생각합니다.

무히키_ 맞습니다!

촘스키_ 샌더스는 최근 미국 정치사에서 가장 눈부시게 발전한 인물이죠. 지금은 가장 인기 있는 정치인이에요. 코빈도 비슷합니다. 매우 점잖은 사람인데, 아무런 자금 지원도 못 받고 거의 모든 언론에서 가혹한 공격을 받습니다. 심지어 《가디언*The Guardian*》과 같은 중도 좌파 매체는 물론이고, 자기 당 내부의 의원들과 지도부로부터도 미움을 받습니다. 그래서 내부 선거에서 참패를 당할 거란 예상이 많았는데, 실제로는 1945년 이후로 노동당 지지율이 크게 증가했습니다. 상당한 성과입니다! 선거에서 이기지는 못했지만, 매우 근소한 차이로 졌어요.
  저는 이런 것들이 모두 중대한 변화의 신호라고 생각합니다. 샌더스와 코빈은 둘 다 좌파적 의제에 실제로 반응하는 유권자가 있음을 보여주었습니다. 봐요, 샌더스는 미국에서는 입에 담기조차 힘든 '사회주의'라는 단어까지 썼잖아요.

무히키_ 그렇죠. 미국에서는 그 단어를 입에 올리는 것 자체가 정치적 금기예요.

촘스키_ 네, 그렇습니다. 하지만 상관없습니다! 샌더스는 젊은 세대에게 엄청난 지지를 받았어요. **젊은 유권자들 사이에서는 이러한 좌파 프로젝트는 인기가 엄청납니다.** 그가 다른 정치인들보다 지지를 훨씬 많이 받는 건 매우 긍정적인 신호예요. 유럽에서도 몇 가지 중요한 흐름이 있습니다. 야니스 바루파키스Yanis Varoufakis가 조직하고 있는 DiEM25[46] 같은 운동이 점점 성장하고 발전하고 있지요. 이것도 샌더스나 코빈과 비슷한 현상이에요. 진지한 대중적 민주주의 좌파 운동으로, 큰 잠재력이 있다고 생각합니다.

무히키_ 그건 확실합니다.

루시아_ 스페인에는 포데모스[47]가 있어요.

촘스키_ 그렇습니다. 바르셀로나 시장도 매우 진보적인 사람입니다.

나는 발레리아와 함께 시장과 참모들을 만났는데, 꽤 인상적인 사람들이었어요.

무히키_ 마드리드 시장과 바르셀로나 시장, 모두 아주 흥미로운 인물들이죠.

촘스키_ 네, 모두 흥미로운 사람들입니다. 또 다른 긍정적인 신호가 있어요. 기술 발전과 재생에너지 비용이 빠르게 하락한다는 점입니다. 심지어 미국의 가장 보수적인 지역에서도 풍력이나 태양광 같은 재생에너지를 사용하는 추세가 있어요. 가격이 점점 더 저렴해지고 있으니까요. 반대 세력이 있지만, 상황을 바꿀 수 있는 실질적 가능성은 있습니다. 다만 파괴하려는 경향이 우세할지, 아니면 대안을 모색하는 경향이 우세할지는 아직 확실치 않습니다.

무히키_ 동의합니다. 긍정적인 반응도 있지만, 자본주의의 눈먼 이기심[48]이 불러오는 극복하기 어려운 모순들이 여전히 문제입니다. 모든 게 투쟁에 달려 있어요. 주어진 것도, 결정된 것도 없습니다. **모든 건 인간, 특히 젊은 세대가 방향을 바로잡을 수 있는 역량에 달려 있어요.**

촘스키_ 이 싸움을 벌이는 사회적 움직임들이 있습니다. 미래에 살기 좋은 사회를 만들기 위해 행동에 나선 시민운동들이죠. 현재의 불리한 정치적 상황에서도 그런 움직임이 가능함을 보여주고 있어요. 예를 들어, 미국의 정치 지도자들을 보면, 매우 위험하지만 동시에 상당히 긍정적인 흐름도 있습니다. 기후 문제만 보더라도 그렇습니다. 트럼프 행정부하에서 공화당이 말도 안 되는 행동을 많이 하는 상황에도 불구하고, 공화당이 다수인 샌디에이고 같은 보수 지역조차 완전히 재생 가능한 에너지에 기반한 모델로 전환하려는 움직임이 있어요. 공장이 있던 낡은 공업 지대 일부에서는 산업 체제가 사실상 붕괴된 상태인데, 지금은 노동자들이 소유한 협동조합형 기업들이 성장하고 있죠.

이건 꽤 희망적인 발전이에요. 만약 이 흐름이 확산되면 사회의 본질을 바꿀 수 있습니다. 매우 파괴적인 정권하에서도 아래에서 위로 향하는 흐름이 나타나는 건 고무적입니다. 이런 일이 전 세계에서 일어나고 있어요. 젊은 세대가 이를 주목하고 있어요. 나는 이런 흐름이 진정한 희망의 신호라고 봅니다.

샌디에이고처럼 보수적인 도시가 재생에너지에 100퍼센트 의존하는 방향으로 나아가고 있습니다. 진보적인 주인 매사추세츠는 20~30년 안에 화석연료를 완전히 없애겠다는 계획을 갖고 있죠. 매우 보수적인 텍사스주조차도 풍력 에너지에 크게 의존해요. 경제적으로 더 이득이 되기 때문이죠. 이렇듯 중앙정부 정책과 반대로 가는 흐름이 많이 있습니다. 이런 흐름은 정부의 파괴적인 정책을 극복할 가능성을 보여줍니다. 사람들은 문제를 인식하고, 더 나은 환경을 만들기 위해 노력하고 있습니다. 게다가 재생에너지는 화석연료보다 저렴해지고 있고, 더 많은 일자리를 창출하기 때문에 관심을 갖는 노동자도 많아졌어요. 한마디로, 극도로 반동적인 정부 정책에도 불구하고 매우 긍정적인 흐름이 나타나고 있습니다.

그런데 이 문제와 관련해 미국 내 여론을 가로막는 건, 사실 기업의 압력이 아니라 종교의 압력입니다. 특히 복음주의 공동체는 단순한 이유로 재생에너지에 반대하죠. 예수 그리스도가 곧 재림한다고 믿기 때문이죠. 그러니 (미래를 대비하는) 재생에너지에 신경을 쓸까요? 실제로 미국 인구의 40퍼센트는 그리스도가 곧 재림할 거라고 믿기 때문에 기후변화가 심각한 문제라고 생각하지 않습니다. 이건 위에서 주도하는 여론 조작이 아니라, 미국 사회에 깊이 뿌리내린 문화적 문제입니다.

미국은 여러 역사적 이유로 건국 초기부터 매우 종교적이었죠. 정치적으로 조직된 세력 일부에서 지금은 종교가 국가의 중요한 구성요소가 되었고요. 다만 그 구조가 단일하지는 않습니다. 내부에 분열이 있는데 거기에서 새로운 흐름이 확산될 수도 있겠죠. 예를 들자면 끝도 없습니다. 따라갈 수 있는 길은 늘 존재합니다. 어느 정도 제한적이지만 그런 흐름이 있고, 앞으로는 훨씬 더 확장될 수도 있습니다. 이런 흐름은 권력 장악에 대한 고민을 하지 않고도, 사회를 근본적으로 변화시킬 가능성을 내포하고 있습니다.

무히카_ 미래가 어떻게 될지 명확하게 내다볼 자신은 없지만, 분명한 현상은 있습니다. 서구 대학처럼 부와 문화가 축적된 곳에서 불만과 저항이 점점 커지고 있다는 점입니다. 바로 거기에서 다른 세상의 불씨가 피어날 가능성이 있다고 봅니다. 그 불씨가 타오를 수도 꺼질 수도 있겠지만, 분명한 건 그 불씨가 우리 사회 내부에는 없다는 점이에요. 우리 사회는 서구 문화의 전시된 화려함만을 바라보고 있습니다. 그 황홀함에 매료되어 다들 미국에 가고 싶어 하죠. 가난한 사람들은 부유한 유럽에 들어가고 싶어 합니다. 우리는 '쓰레기'를 숭배하고 있어요! 바로 그 쓰레기 속에서 말이에요. 샌더스의 등장은 우연이 아닙니다. 미국의 진짜 희망은 그 대학 강의실의 밑바닥에서 피고 있습니다. 트럼프가 아니에요.

나는 이러한 세계가 앞으로 점점 더 중요한 역할을 할 거라고 봅니다. 경제와 기술의 발전 자체가 이를 더 필요로 하기 때문이죠. 문제는 이 변화가 제때에 소화되지 못할 수도 있다는 데 있어요. 내 유일한 의문은, 콘도르의 후예들, 즉 원시 공동체들이 지닌 강인함을 우리 사회가 상실하고 있다는 데에 있어요. 그 강인함은 우리 인류가 살아남기 위해 앞으로 더욱 중요해질 겁니다. 무슨 말인지 아시겠어요?

시울- 그러니까, 무히카 선생님께서는 새로운 세대가 본질적으로 나약하다고 보시나요?

무히카- 이 세대는 훨씬 더 똑똑하고 더 나은 재능과 더 많은 지적 자원을 갖고 있어요. 하지만 유약한 면도 있어요. 기술 발전이 자연스럽게 이 세대를 그렇게 만들었죠. 앞으로 많은 어려움과 절망의 시기를 겪어야 할 겁니다. 이런 점에서 이 세대가 그러한 도전에 맞설 강인함을 보여줄 수 있을지 의문입니다. 그런데 인생이란 본래 의심하는 거잖아요. 의심은 나의 논법이기도 합니다. 내 본능은 의심하지 않아요. 낙관적이에요. 나는 인간을 믿습니다. 내 이성이 인간을 의심하는 거죠. 하지만 우리 인간은 이성으로만 이루어진 존재가 아니니까요.

시울- 느끼고 생각하는 존재?

무히카- 네, 맞습니다! 우리는 먼저 느끼고 그다음에 생각하면서 그 감정의 이유를 찾았습니다. 원래 그 반대여야 했는데 말이에요. 우리 세대에는 이성을 신성시한 계몽주의적이고 자코뱅주의적인 선조들의 영향을 깊이 받았습니다. 우리 세대가 늘 계획적으로 생각하는 경향이 있는 건 그래서죠. 하지만 보세요, 러시아 혁명(1917년)이 일어난 지 100년이 지났고, 체 게바라(1928~1967년)가 세상을 떠난 지 50년이 지났습니다. 이제는 새로운 세대가 나에게 깊은 인상을 줍니다. 특히, 일본의 대학들, 옥스퍼드와 멕시코 대학들에서 본 장면이 있습니다. 대학 사회의 기저에는 무언가 잠재된 힘이 있어요. 그 힘이 시장에 흡수될지 아닐지는 모르겠지만, 반골적으로 의문을 제기하는 세계, 문제를 제기하는 세계가 바로 거기에 있어요. 게다가 경제적 요구에 따라 대학 사회는 점점 커질 수밖에 없습니다. 자본주의 자체가 실력 있는 인력을 점점 더 많이 필요로 하기 때문이죠. '작업복을 입은 전통적인 노동자' 계급이라는 개념은 대체될 겁니다. **혁명의 주체가 바뀌었습니다. 더 이상 20세기처럼 수천 명 노동자가 일하는 공장이 아니라, 대학이라는 공간으로. 그래서 나는 대학을 중심으로 한 정치 활동이 전략적으로 매우 중요해 보입니다.**

* * *

서울_ 촘스키 교수님, 그렇다면 좌파, 특히 젊은 세대가 어떤 패러다임을 받아들여야 할까요? 21세기의 도전을 극복하고, 기술적·정치적으로 진보된 사회를 만들려고 한다면요.

촘스키_ 그 질문에 대한 중요한 실마리가 좌파 내부에 있다고 봅니다. 마르크스주의의 아나키즘을 포함하여, 좌파 자유주의에서 나온 사상들 말이죠. 나는 사회이론이나 사회에 대한 우리의 전반적 이해가 꽤 피상적이라고 느낍니다. 우리가 앞으로 완전히 새로운 패러다임을 발견할 가능성은 크지 않다고 봅니다. 그런 것들은 대개 인류 역사 과정에서 반복적으로 등장하죠. 우리 곁에 이미 있는 겁니다.

인류의 역사를 통틀어 반복적으로 억압되다가 다시 문제가 터지는 경향은 항상 흔히 있어왔습니다. 이건 사람들이 위계나 권위에 따르지 않고 스스로 결정해서 자신의 삶을 통제하는 제도적 구조를 만들고자 하는 움직임이에요. 이런 흐름은 사회구조에서든 여성의 권리에서든 삶의 모든 영역에서 나타나죠. **나는 좌파의 핵심 패러다임이 바로 이러한 자유주의적 경향[49]을 강화하는 데 있다고 믿습니다.** 여기서 말하는 '자유주의적'이란, 미국식 아나르코자본주의를 의미하는 게 아닙니다! 나는 진짜 좌파적 자유주의를 말하고 있어요. 위계와 권위에 도전하고 이를 극복하며, 노동자가 기업의 소유와 운영을 맡고, 가부장적 가족 구조를 해체하는 등 삶의 결정권을 대중의 손에 맡기는 구조 말입니다.

좌파의 지속적인 과제는, 사람들이 자신의 내적 충동과 잠재력을 발현할 수 있는 조건을 조성하는 겁니다. 따라서 사람들이 다양한 방식으로 자신들에게 적합한 문화적 형태를 만들 수 있도록 지원해야 해요. 사람들의 발전을 방해하는 시스템의 제한과 장벽을 제거해서, 사람들이 자유로워질 수 있게 해야 하죠. 사실 이건 좌파의 오래된 생각입니다. 현대에는 아나키즘 전통에서, 혹은 반볼셰비키 좌파 마르크스주의 등 여러 곳에서 나타납니다. 우리는 이러한 아이디어를 장려하고 발전시켜야 해요. 사람들이 자신의 심리적 장벽을 극복할 수 있게 격려해야 하죠. 예컨대 '가전제품이나 전자기기를 충분히 가질 수 있다면, 명령에 따르겠다' 같은 생각에서 벗어날 수 있게 말입니다.

이런 사고방식은 산업혁명 초기에 이미 비판받았어요. 지금 우리도 회복할 수 있습니다! 이 모든 건 결국 삶과 사회 조직의 모든 측면에서 좌파가 해야 할 임무예요. 자유를 늘리고 그 자유를 실현할 수 있도록 해야 하죠. 모든 사람이 역사와 타 문명의 풍부한 문화유산을 누릴 수 있게 하는 것, 그리고 각자 내면의 자원을 발현해 미래의 문화를 스스로 창조할 수 있게 하는 것, 이것이야말로 좌파의 중대 과제입니다!

무히키_ 분명히 그렇습니다! 하지만 실천하지 않으면 이뤄지지 않아요. 그러니 좌파 의식부터 회복해야 하죠!

촘스키_ 나는 발레리아에게서 파울루 프레이리Paulo Freire(브라질의 교육학자)의 기본 메시지를 훨씬 더 진진하게 받아들이는 법을 배웠어요. 프레이리는 "사람을 가르치는 것이 아니라 오히려 그들에게서 배운다"라고 했죠. 좋은 선생이라면 누구나 이 말에 동의할 겁니다.

젊은이들과 대화할 때는, 그들이 스스로 생각하도록 격려하고, 무엇을 생각하고 무엇을 하고 싶은지 말할 기회를 줘야 하죠. 그리고 함께 협력해서 그들이 살아갈 세상에 무엇이 옳은지를 찾아야죠.

현대 사회의 가장 슬픈 현실 한 가지를, 나는 매일 밤 집에 가서 이메일을 확인할 때 느낍니다. 젊은이들이 보낸 편지가 매일 수십 통씩 옵니다. "저는 스무 살이고 인생에서 무엇을 해야 할지 고민하고 있습니다. 무엇을 해야 할지 알려주세요." 이건 완전히 잘못된 질문이에요. 외려 '자신은 이런 걸 해야 한다'는 생각을 나에게 말해 주어야 합니다. 그래야 함께 답을 찾을 수 있어요. **젊은 세대에게 이 메시지를 전하고 싶어요. "스스로 생각하세요."**

내 생각에 가장 중요한 목표는, 눈가리개를 벗고 세상을 있는 그대로 보는 겁니다. 그렇게 한다면 우리가 얼마나 엄청난 도전에 직면해 있는지 알 수 있어요. 지금의 젊은 세대는 인류 역사상 한 번도 제기된 적이 없는 질문에 직면해 있습니다. 바로 이 종(인류)이 품위 있게 살아남을 수 있는가 하는 질문이죠. 매우 실제적인 질문입니다. 젊은이들에게 이렇게 말하고 싶어요. 이 문제를 정직하고 정확하게 살펴보고, 문제를 깊이 이해하고, 관련된 모든 요소를 파악한 다음에는 스스로 고민하라고.

무엇보다 당신 세대가 그 문제를 감당해야 한다는 사실을 받아들이세요. 그 문제는 저절로 사라지는 않습니다. 이 시대에 직면해야 할 것이죠. 그리고 다른 사람들과 협력해서 문제를 해결할 방법을 함께 찾으세요. 할 수 있습니다. 아이디어도 많고, 제안도 많고, 배울 것도 많습니다. 하지만 가장 중요한 건 주도권을 쥐고 행동에 나서는 겁니다.

시울_ 무히카 선생님, 선생님께서 쌓아온 모든 경험과 인류를 향한 그 깊은 애정을 바탕으로, 전 세계 젊은이에게 어떤 말씀을 해주시겠습니까?

무히카_ 아이고, 나는 인류에 대한 애정이 그리 많지 않아요. [웃음] 나는 인류보다 생명 자체를 더 사랑하죠. 인류는 단지 생명의 흐름 가운데 일부일 뿐이에요. 이런 점에서 나는 거의 애니미즘(정령숭배) 적입니다. 하지만 나는 생명을 사랑하기 때문에, 니체와 마찬가지로 인간이 살아갈 이유와 목적을 찾을 수 있다고 봐요. 이런 점이 인간을 다른 동물과 구별해 주겠죠.

  살아 있다는 건 기적이에요. 우리 각자에게 가장 큰 기적이죠. 하지만 단지 태어났기 때문에 그냥 식물처럼 살 수도 있겠죠. 반대로 삶에 의미를 부여할 수도 있어요. **이게 바로 의식이 우리에게 준 특권입니다. 그 덕분에 우린 문명을 창조할 수 있었죠. 즉, 목적을 가지고 살아가는 겁니다.** 그리고 그 목적은 타인과 생명에 대한 연대를 실천하는 거예요. 이게 행복의 한 형태이지요. 그러지 않으면 인생은 마치 형벌과 같을 겁니다.

삶이 아름다운 것이라면, 그것을 돌보고 이어가야 합니다. 이건 곧 자유를 위한 투쟁입니다. 사는 건 자유로운 것, 그리고 자유롭다는 건, 촘스키 교수께서 말씀했듯 눈가리개를 벗는 거죠. 우리는 매일 눈가리개를 벗어야 해요! 여러분, 여러분의 자유를 빼앗기지 마세요! 시장에 자유를 넘겨줄 수는 없습니다! 자유는 삶을 위한 것이어야 합니다. 삶이 자유를 위한 것이어선 안 됩니다. 우리는 우리 삶의 주인이 되어야 하고, 텔레비전 화면이나 휴대폰이 우리 삶을 조종하게 두어서는 안 됩니다. 눈가리개를 벗는다면 그 모습이 얼마나 아름다울까요!

* * *

무히카_ 문제는 이미 '늙어버린 젊은이'가 있다는 데 있어요. 이들은 사회가 강요하는 소비주의의 흐름에 완전히 흡수되어 식물적으로 살아가죠. 아무 의심도 없이 그냥 따라가요. 하지만 주로 대학 사회의 저변에는, 즉 어떤 방식으로든 사고를 훈련할 기회를 가진 청년들 사이에는, 지적 호기심과 비판적 사고를 가진 이들이 있습니다. 바로 이들이 유망하고 긍정적인 원동력이 될 수 있어요. 소비사회가 강요하는 문화에 흡수되지 않는다면. 나는 바로 거기에 인류의 미래에 대한 가장 중요한 희망이 있다고 봅니다.

우리 세대는 거대한 공장에서 작업복과 모자를 쓴 강인한 남성,

즉 독립된 프롤레타리아를 꿈꿨습니다. 하지만 그 시절은 지나갔어요. 앞으로 다가올 시대는 오늘날 대학에 들어가는 이들에게 달렸습니다. 중요한 싸움이 여전히 있지요. 젊은이들이 새 차로 바꾸고 싶다거나 마이애미로 여행 가고 싶다는 꿈에 빠지지 않기를 바랍니다. 자신이 속한 사회에 대한 책임감을 가져야 합니다. 우리는 또 이해해야 할 것이 있어요. 또 다른 인간 군상이죠. '젊지도 늙지도 않은 사람들'인데, 그저 고통받는 존재들이에요. 이 세상 어디에도 설 자리가 없는 사람들, 희생자로 태어난 사람들입니다. 아프리카의 수많은 사람들, 라틴아메리카에서 떠나 이주하는 사람들, 중앙아메리카에서 화물열차를 타는 사람들…. 이들은 모두 절박하게 남겨진 사람들입니다. 이들은 젊지도 늙지도 않은 그냥 희생자들이에요. 그러니까 우리의 싸움은 이들을 인간다운 삶에 포함하기 위한 것이어야 합니다.

이건 쉬운 일이 아닙니다. 이 마케팅 중심의 문명은 당신의 코를 꿰어 끌어당겨 무자비한 소비자로 만들어버려요. 당신은 소비주의에서 비켜나 '행복한 사람'의 이미지를 꿈꿔야 합니다. 성경에 나오는 행복한 사람은 셔츠도 한 장 없이 살았다죠. 아마 열대 지방에서 살아서 그리 많은 것을 바라지 않았겠지만…. [웃음] 행복은 부에 있지 않아요. **행복은 작은 것에서도 얻을 수 있습니다. 그렇지 않으면 어떤 것으로도 얻을 수 없어요.** 죽는 방식에는 두 가지가 있어요. 체념하면서 죽거나, 싸우면서 죽거나. 젊은 세대는 우리를 계승할 사람들입니다. 그들이 이 세상과 역사에 할 수 있는 근본적인 공헌은, 자연을 구하고 정부가 재앙을 바로잡도록 강제하는 겁니다. 그렇게 하지 않으면 인류 문명이 대학살로 향하는 길을 닦는 데에 기여할 뿐이에요. 오늘날 우리는 우리가 벌이는 일의 결과가 어디에까지 이를지 가늠조차 할 수 없는 상황입니다. **인류가 전쟁을 멈추고 기후변화를 되돌리기 위해 싸우지 않는다면, 우리는 길을 잃게 될 겁니다. 정부가 이를 자발적으로 하지는 않을 것이기에, 젊은이들이 거리로 나서서 정부를 압박해야 합니다.**

촘스키– 그 말씀이 전적으로 맞습니다. 우리 세대는 이 짐을 젊은 세대에게 지웠다는 사실을 부끄러워해야 합니다. 그레타 툰베리[50]가 다보스의 부자와 권력자 들이 모인 곳에서 "우리를 배신했다"라고 외쳤는데, 그 말이 맞습니다. **우리 세대가 젊은 세대를 배반했습니다. 우리는 세계의 젊은이들에게 우리의 실패를 바로잡고 문명을 구할 책임을 떠넘겼어요.** 우리는 세계를 파괴했고, 우리가 남긴 이 혼란을 수습하는 일이 젊은 세대의 몫이 되어버렸죠. 염치없지만 사실입니다.

하지만 젊은이들이 반응하고 있습니다. 우리는 글래스고에서 열린 기후변화 국제회의[51]에서 이를 극적으로 목격했습니다. 매우 다른 두 사건이 동시에 발생한 겁니다. 우아한 차림의 사람들이 화려한 회의장에 모여서는 '무엇을 안 할지'를 논의하는 동안, 바깥 거리에서는 수만 명의 젊은이가 "우리를 재난으로부터 구하기 위해 해야 할 일을 하라"며 요구하고 항의했습니다. 문제는 이 두 힘 가운데 어느 쪽이 이길 것인가예요. 우리는 젊은이들이 외치는 요구에 따라야 합니다. 이 싸움을 포기할 수 없어요. 우리 세대가 저지른 범죄를 젊은 세대가 극복할 수 있도록, 우리는 할 수 있는 모든 일을 해야 합니다.

무히카_ 물론입니다. 가장 나쁜 싸움은 싸우지 않는 싸움입니다. 삶은 나에게 '어떤 양도 혼자 떠돌아서는 구원받을 수 없다'는 진실을 가르쳐 주었습니다. 생명을 지키기 위해서는 함께 연대하고, 지구 위의 생명을 구하려고 움직이는 젊은이들을 지지해야 합니다. 결국 그게 우리가 진짜 싸워야 할 이유이기 때문이죠.

촘스키_ 우리는 이러한 광기를 멈추고, 자연과 조화롭게 살아가는 방법에 대해 세계 원주민의 말에 귀를 기울여야 합니다. 이 자살 행위 같은 질주를 멈추자고 요구하는 젊은 세대의 목소리를 들어야 해요.

무히카_ 내가 확실하게 아는 건, 다가올 세상은 예측할 수 없다는 점입니다. 하지만 세상이 계속 존재하려면 젊은 세대가 정부에 태도를 바꾸라고 압박해야 해요. 정말 어려운 일이지요. 하지만 싸우지 않으면 아무것도 바뀌지 않습니다. 인류 역사는 우리에게 교훈을 남겼습니다. 지금 우리가 누리는 모든 인권과 삶의 조건은 오직 헌신적인 싸움을 통해 얻어낸 것이라는 사실이죠. 이건 신이 준 선물이 아니에요. 변화의 길은 어렵렵습니다. 하지만 정부가 방향을 바꾸도록 강제하지 못한다면, 우리 인류의 미래는 큰 위험에 처할 겁니다. 우리는 미래 세대에게 범죄가 될 행동을 할 수는 없어요. 그래서 우리는 단호하고 명확하게 말해야 합니다.

유일한 길은 거리로 나가 싸우는 겁니다. 지금, 이 순간, 그렇게 말하는 대학생들, 젊은 세대가 있어요. 유럽, 서구, 동아시아를 지배하는 고착된 권력에 기대할 건 없습니다. 우리가 기대할 건 새로운 세대, 특히 대학생과 청년 노동자에게서 나오는 한 줄기 희망입니다. 이들과 함께, 이들을 위해! 유엔도, 국제기구도, 아무것도 기대하지 마세요. 우리는 각자 자신의 정부를 압박해야 합니다. 현재 사태에 대해 역사적 책임이 있는 주요 국가에서, 즉 유럽·미국·러시아·중국 이른바 '선진국'이라고 불리는 나라에서 투쟁하고 활동하는 민중을 지지해야 합니다.

촘스키_ 현재 우리의 상황을 정말 탁월하게 요약해 주셨습니다. 전적으로 동의합니다. 현명한 말씀에 덧붙일 말이 없군요.

시울_ 무히카 선생님, 선생님께선 세상을 바꾸기 위해 여러 번 목숨을 걸었습니다. 그 대가로 투옥과 총상 같은 엄청난 고통도 겪으셨죠. 마지막으로 여쭤봅니다. 세계 젊은이들에게 선생님의 그 힘이 어디에서 나오는지 말씀해 주세요.

무히키_ 보세요, 산속을 걷다가 밤에 잠들고 새벽에 일어나면, 희미한 새벽빛 속에서 수많은 새들이 노래하고 이야기하는 소리들 듣고 놀랄 겁니다. 그때 당신은 이런 생각이 들 겁니다. '이 새들이 밤이 지나고 날이 밝은 것에 감사하고 있구나.' 영원한 슬픔이나 영원한 복종은 의미가 없어요. 매일 새벽이 오면 새롭게 시작해야 합니다.

삶의 가치는 승리하는 데에 있지 않아요. **승리란 없습니다. 결국에는 죽음이 늘 우리를 기다리고 있기 때문입니다. 진정한 승리는, 당신이 생각할 수 있는 가장 넓은 의미에서, 넘어질 때마다 일어나 다시 시작하는 겁니다.** 다시 시작하는 건, 젊은 시절에 사랑에 실패하고 다시 사랑에 빠지는 것, 병을 이겨내고 다시 일어서는 것, 일자리를 잃고도 다시 찾는 것, 친구에게 배신당하고도 새 친구를 사귀는 것, 절망에 지지 않고 절망을 이겨내는 것, 이 모든 겁니다.

다시 만날 그날까지, 건투를 빕니다.

감사를 전하며

노엄 촘스키, 호세 무히카, 발레리아 와서먼, 루시아 토폴란스키,

로저 워터스, 마리아 아유브, 안토니오 소리야, 제우스, 존 십튼, 가브리엘 십튼,

야니스 바루파키스, 라파엘 코레아, 제러미 코빈, 라우라 알바레스, 첼시 매닝,

해리 할핀, 레네 라미레스, 안젤리나 벰즈, 스테이시 퍼스키, 킨토 루카스,

가브리엘라 알비드레스, 훌리안 우비리아, 알레한드라 알메이다,

알바 베니테스, 앙헬리나 페랄타, 알베르토 필리솔라, 디에고 라코르트,

훌리오 모랄레스, 호엘 마르티네스, 이리스 모랄레스, 알바로 파드론,

아구스틴 칸사니, 레미 베스파, 이브란 아수아드, 파블로 인다,

루이스 하비에르 피네다, 기예르모 나로, 오비에르 곤살레스, 엑토르 디아스,

마리아 세코, 킥스타터, 리차드 스톨만, 세사르 발데스, 다비드 아리아스,

호르헤 고메스, 막시밀리아노 도노소, 다윈 벨라스코.

1 판초비야Pancho Villa는 에밀리아노 사파타Emiliano Zapata와 함께 멕시코 혁명의 영웅이다.

2 2008년 12월 14일, 이라크 바그다드에서 열린 기자회견 중, 이라크 기자 문타다르 알자이디Muntadhar al-Zaidi는 미국 대통령 조지 W. 부시에게 신발 두 짝을 던져 항의 의사를 표시했다. 알자이디는 첫 번째 신발을 던지며 "이것은 이라크 국민의 작별 인사다, 개야"라고 외쳤다. 이어 두 번째 신발을 던지며 이라크 전쟁으로 인한 고통과 희생에 대한 분노를 표출하였다. 이는 미국 주도의 2003년 이라크 침공과 그로 인한 사회적, 정치적 혼란에 대한 저항을 상징하는 사건으로, 이라크 국민의 반미 감정을 국제사회에 상징적으로 전달하였다. 당시 알자이디의 행위는 즉각적으로 전 세계 언론의 주목을 받았다. 그는 구속되었으나 많은 아랍 국가와 이라크 내에서 영웅적 인물로 칭송받았다. 그의 행동은 이라크 국민의 여론과 반미 감정을 드러내는 사건으로 자리잡았으며, 이후 그는 이 사건에 대해 후회하지 않는다고 언급하였다. 이 사건은 특히 이라크 내 반미 감정과 전쟁의 후유증을 상징적으로 대변하는 장면으로 평가받는다. Cfr. Maher Nazeh, "No regrets from the Iraqi who threw his shoes at Bush", https://www.reuters.com/world/middle-east/no-regrets-iraqi-who-threw-his-shoes-bush-2023-03-14/ 참조.

3 "Éxito de Peña Nieto a pesar de intento de boicot"라는 헤드라인은 2012년 멕시코 대선 기간 중 엔리케 페냐 니에토 후보가 이베로아메리카나 대학교를 방문했을 때 발생한 일련의 사건에 기반했다. 이 방문에서 페냐 니에토는 이라크 아텐코 사건과 그의 정책에 반대하는 학생들의 격렬한 시위에 직면했다. 당시 그는 학생들에게 둘러싸여 강한 항의를 받았고, 학생들은 그의 보수적인 정책과 인권 침해에 대해 "아텐코!"를 외치며 비난을 쏟아냈다. 그럼에도 불구하고, 이후 멕시코의 주요 언론은 다음 날 이 사건을 "보이콧 시도에도 불구하고 페냐 니에토의 성공"이라는 제목으로 일관되게 보도하면서, 학생들의 시위를 축소하고 페냐 니에토의 입장을 부각하는 모습을 보였다. 이에 대응해

이베로 대학 학생들은 "131명의 이베로 학생들"이라는 영상 성명을 발표하여 언론의 왜곡된 보도에 반박했고, 이는 전국적으로 큰 반향을 불러일으키며 '#YoSoy132' 운동의 촉매제가 되었다. 이 운동은 미디어의 편향성과 정치적 조작에 대한 멕시코 청년들의 저항을 상징하며 멕시코 정치 및 사회에 커다란 영향을 미쳤다. https://ibero909.fm/blog/el-mito-de-pena-nieto-atrapado-en-el-bano-de-la-ibero 참조.

4 이베로아메리카나 대학교Universidad Iberoamericana, 아나우악 대학교Universidad Anáhuac, 멕시코 자치 공과대학Instituto Tecnológico Autónomo de México, ITAM, 몬테레이 공과대학Instituto Tecnológico y de Estudios Superiores de Monterrey, ITESM 등 네 대학을 말한다.

5 줄리언 어산지의 아이디어는 그가 만든 위키리크스WikiLeaks를 의미한다. 위키리크스는 정부와 기업의 비밀 문서들을 공개하여 투명성과 정보 민주화를 추구하고, 부패를 폭로하는 것을 목표로 했다.

6 텔레비사Televisa는 멕시코 최대의 방송사로, 라틴아메리카에서 가장 영향력 있는 미디어 기업 중 하나로 평가된다. 텔레비사는 1950년대 설립된 이래 드라마, 뉴스, 스포츠, 오락 프로그램을 포함한 다양한 콘텐츠를 제작하여 멕시코 사회에 깊은 영향을 미쳤다. 이 기업은 정치권력과의 유착과 이에 따른 공적 담론의 편향성을 둘러싸고 지속해서 논란을 일으켰다. 특히 2012년 멕시코 대선에서 텔레비사는 당시 대선 후보였던 엔리케 페냐 니에토를 긍정적으로 묘사해, 그의 이미지 구축에 기여함으로써 Yo Soy 132 운동의 주요 비판 대상으로 부상하였다. 이 운동은 언론의 편향성을 문제 삼고 정보의 민주화와 투명성을 요구하며 촉발되었으며, 이는 텔레비사가 공론의 형성 과정에서 가지는 막대한 영향력에 대한 사회적 비판을 반영하였다. 텔레비사는 이러한 비판에도 불구하고 멕시코 전역과 라틴아메리카 지역에서 강력한 여론 형성자로서의 역할을 지속하고 있으며, 이는 미디어와 정치권의 관계, 공적 정보의 공정성 등에 관한 중요한 논의를 불러일으키고 있다.

7 미하일 바쿠닌Mijaíl Bakunin: 러시아 출신의 아나키스트 사상가로, 국가와 권력의 억압에 맞서 자유와 자치 사회를 주장한 대표적 인물이다. 중앙집권적 사회주의에 반대하며 분권화된 자치 사회를 지지했다.

피에르 조제프 프루동Pierre-Joseph Proudhon: 프랑스의 철학자이자 아나키스트로,

"소유란 도둑질"이라는 유명한 말을 남기며 사유재산을 비판했다. 상호주의와 자율적 연대를 통해 협동적 사회를 실현하고자 했다.

엠마 골드만Emma Goldman: 미국의 아나키스트이자 페미니스트로, 노동권, 여성의 자유, 표현의 자유 등을 강력히 옹호했다. 억압적 체제에 반대하며 삶 속의 자유를 강조했다.

표트르 크로폿킨Piotr Kropotkin: 러시아의 아나키스트 지리학자이자 혁명가로, '상호 부조' 개념을 통해 협력이 진화의 중요한 요소임을 주장했다. 아나키즘을 기반으로 한 평등 사회를 이상으로 삼았다.

8 루돌프 로커Rudolf Rocker: 독일 태생의 아나키스트이자 노동운동가로, 아나르코생디칼리슴을 지지하며 노동자 자치를 통해 사회 변화를 꿈꾸었다.

부에나벤투라 두루티Buenaventura Durruti: 스페인 내전에서 활동한 아나키스트 혁명가로 사회 혁명을 위한 무장투쟁에 헌신했다. 스페인 아나키즘의 상징적 인물로 평가된다.

리카르도 플로레스 마곤Ricardo Flores Magon: 멕시코 혁명가이자 언론인으로, 사회주의와 아나키즘을 결합해 멕시코 혁명에 큰 영향을 미쳤다. 멕시코 아나키즘의 선구자로 여겨진다.

9 사파티스타 민족 해방군EZLN은 멕시코의 토착민 권리와 자치를 위한 반군 조직으로, 네오리버럴리즘에 반대하고 자원 분배와 공동체 자치를 추구한다.

10 체란Cherán은 멕시코 미초아칸Michoacán주의 마을로, 2011년 주민들이 불법 벌목과 폭력 범죄 조직의 위협에 대항하여 자치를 실현한 사례로 유명하다. 체란 주민들은 정부나 경찰에 의존하지 않고 스스로 방어 체제를 구축했으며, 이를 통해 마을 공동체의 자원 보호와 주민 안전을 도모했다. 이 과정에서 주민들은 자치 정부를 구성하고 회의와 투표를 통해 중요한 결정을 내리는 공동체 민주주의 모델을 발전시켰다. 체란은 자치권과 환경 보호, 그리고 토착민의 권리 보장을 목표로 하는 자유주의적 운동의 중요한 사례로 자리매김했다. 이 실험적 자치 모델은 멕시코 및 라틴아메리카 지역에서 자원 보존과 공동체 자치에 대한 상징이다.

11 루시아 토폴란스키Luca Topolansky는 우루과이의 정치인으로 호세 무히카의 배우자

이기도 하다. 그녀는 2000년대 초반부터 우루과이 상원의원과 부통령을 역임하며, 우루과이 좌파 진영에서 중요한 역할을 해왔다. 투파마로스Tupamaros 게릴라 출신으로서, 사회적 정의, 평등, 복지 개선을 위한 진보적 정책을 지지해온 것으로 잘 알려져 있다.

12 발레리아 와서먼Valeria Wasserman은 노엄 촘스키의 배우자로 잘 알려져 있다. 브라질 출신의 변호사이자 번역가로서, 법률 및 비즈니스 문서 번역 분야에서 활동해 왔다. 와서먼은 촘스키와 함께 여러 사회적·정치적 문제에 관심을 가지며 그의 연구와 활동을 지원하는 역할을 하는 것으로 알려져 있다.

13 아나르코생디칼리슴Anarcho-syndicalism은 아나키즘(무정부주의)과 생디칼리슴(노동공산주의)을 결합한 정치사상으로, 자본주의와 국가권력을 비판하고 노동조합을 사회변혁의 주요 도구로 본다. 이 사상은 노동자들이 자율적이고 수평적인 조직을 통해 직접 행동과 자주적 관리를 실현하여 사회를 운영해야 한다고 주장한다. 아나르코생디칼리스트들은 계급 없는 사회와 권력 집중이 없는 사회를 지향하며, 궁극적으로 모든 형태의 지배와 권력을 철폐하는 것을 목표로 한다.

14 아나르코자본주의anarcho-capitalism는 아나키즘과 자본주의를 결합한 개념으로, 모든 정부 개입을 철폐하고 개인과 기업이 자유롭게 시장을 통해 상호작용하도록 하려는 사상을 뜻한다. 이 이념에 따르면 법과 질서는 정부가 아닌 민간 계약과 시장 경쟁을 통해 자율적으로 유지될 수 있다. 다시 말해 치안, 법원, 군대와 같은 전통적으로 국가가 수행해 온 기능을 민간 기업이나 자유 시장에 맡기자는 말이다. 이는 주로 미국에서 발전한 사상으로, 전통적 아나키즘이 주로 좌파적 성향을 띠는 것과 달리, 매우 자유지상주의적이고 자본주의적인 성향을 보이기 때문에 논란이 많다.

15 투파마로스Tupamaros는 1960년대 우루과이에서 결성된 도시 게릴라 조직으로, 정식 명칭은 민족해방운동-투파마로스Movimiento de Liberación Nacional-Tupamaros다. 이들은 당시 정부의 부패와 사회적 불평등에 맞서 사회주의 혁명을 추구하며 활동했다. 주요 활동으로 은행 강도, 납치, 감옥 탈출 등의 전술을 활용해 정부에 대한 저항과 대중의 관심을 끌어내고자 했다. 이 조직의 명칭은 18세기 스페인 식민 통치에 맞서 반란을 일으켰던 페루의 원주민 지도자 투파크 아마루 2세에서 유래다. 투파마로스는 우루과이의 군사 독재와 권위주의에 대한 저항을 상징하는 단체로 자리 잡았으며, 이들의 활동은 우루과이 현대사에서 중요한 전환점으로 평가된다.

16 2010년 이후 라틴아메리카는 일련의 대규모 시위를 경험하면서 "라틴아메리카의 봄"으로 불릴 만한 변화를 겪어왔다. 이러한 시위들은 주로 경제적 불평등, 부패, 정부 정책에 대한 불만에서 기인했으며, 노동, 교육, 환경 문제와 같은 사회 전반의 요구들을 포함하고 있다. 주요 국가별 사례를 살펴보면 다음과 같다.

칠레(2011년, 2019년) 2011년 교육 개혁 시위: 공공 교육의 질 개선과 무료화를 요구하는 대규모 학생 운동이 일어났다. 이는 정부 정책에 대한 반발로 학생뿐 아니라 교사, 학부모도 함께 참여한 광범위한 시위로 확대되었다. 그리고 2019년 대규모 시위: 지하철 요금 인상에 반대하며 시작된 시위는 이내 교육, 보건, 연금 제도 개선을 요구하는 사회적 불만의 표출로 확대되었으며, 정부의 신자유주의 정책에 대한 반발이 주된 이유였다. 이후 헌법 개정 논의로까지 이어져 2020년 개헌 국민투표가 이루어졌다.

브라질(2013년, 2019~2020년) 2013년 대중교통 요금 인상 반대 시위: 상파울루에서 시작된 시위는 전국적인 불만으로 확대되었다. 교육과 의료 시스템에 대한 정부 투자 부족, 대규모 국제 행사로 인한 과도한 지출이 문제로 지적되었다. 2019-2020년 반부패 시위: 정치적 부패와 정부의 극우 성향에 대한 반발로 발생했으며, 노동자, 교사, 학생들이 대규모로 참여했다. 이 시위는 보우소나루 대통령에 대한 불만과 신자유주의 정책에 대한 반발을 중심으로 진행되었다.

베네수엘라(2014년, 2017년) 2014년과 2017년 시위: 심각한 경제 위기, 높은 실업률, 범죄율 증가 등으로 인해 마두로 대통령의 퇴진을 요구하는 대규모 시위가 일어났다. 시위대는 민주주의 회복과 생활 여건 개선을 요구하며 장기적으로 시위를 지속했으며, 정부의 강경 진압과 충돌이 빈번하게 발생하였다.

에콰도르(2019년) 2019년 경제 개혁 반대 시위: 연료 보조금 폐지 및 IMF 긴축 정책에 반대하는 시위가 대규모로 발생했다. 원주민 단체와 시민들이 시위를 주도했고, 수도 키토에서 주요 시위가 이루어졌다. 이후 정부는 일부 정책을 철회하고 시위대와 협상에 나섰다.

콜롬비아(2019년, 2021년) 2019년 민중 시위: 경제적 불평등, 연금 개혁, 교육 및 보건에 대한 불만을 반영하는 시위가 전국적으로 일어났다. 2021년 대규모 파업 시위: 세금 인상 정책에 대한 반발로 전국적인 파업과 시위가 일어났으며, 경찰의 강경 진압으로 사상자가 발생하면서 국제적 주목을 받았다. 정부는 이후 세금 인상 정책을 철회했으나, 시위는 계속되었다.

볼리비아(2019년) 2019년 선거 부정 논란과 시위: 에보 모랄레스 대통령의 재선이 논란이 되며 시위가 발생했고, 결과적으로 모랄레스는 사임했다. 이후 그의 지지자들과 반대파 간의 갈등이 격화되며 정치적 혼란이 이어졌다.

라틴아메리카의 시위들은 경제적 불평등, 부패, 사회적 불만에서 기인하며, 교육과 보건에 대한 요구가 중심을 이루었다. SNS와 디지털 미디어의 발달로 인해 시위는 더욱 촉진되었고, 국가 간 연대와 상호 영감을 주며 확산되었다. 정부의 강경 진압과 충돌로 인한 인권 문제가 빈번히 발생했고, 일부 국가에서는 개헌 또는 정책 수정으로 이어졌다. 2020년대 초 COVID-19 팬데믹 동안 시위는 잠시 소강 상태에 접어들었으나, 경제적 어려움과 사회적 불평등이 재확산되면서 새로운 시위가 다시 일어나고 있다. 이러한 시위들은 오랜 기간 억압되어 온 라틴아메리카의 경제적, 사회적 문제들이 표출된 결과로서 지역 내 정치적 변화를 촉발하는 중요한 계기로 작용하고 있다.

17 우나수르UNASUR는 2008년 남미 국가들이 정치, 경제, 사회 전반에서의 협력을 강화하고자 창설한 지역 기구이다. 브라질의 주도로 결성된 이 연합은 남미의 독자적인 정치적, 경제적 영향력을 키우고 국제 무대에서 발언권을 확대하려는 목적에서 출발했다. 우나수르는 남미 국가들이 상호 협력과 통합을 통해 북미 주도의 외부 영향력에서 벗어나 자주적인 입지를 구축하는 것을 목표로 삼았다. 다만, 우나수르는 현재 사실상 활동이 중단된 상태에 있으며, 남미 내 정치적 변화와 새로운 협력 모델의 필요성이 제기되고 있다. 이러한 상황에서 일부 국가는 새로운 협력 기구인 남미진보포럼PROSUR을 추진하며, 더욱 유연한 형태의 지역 협력 방안을 모색하고 있다. 우나수르의 미래는 남미 국가들의 정치적 상황에 따라 달라질 것으로 보이며, 재활성화 또는 새로운 형태의 지역 기구로 변모할 가능성도 남아 있다.

CELAC는 2010년에 설립된 라틴아메리카 및 카리브해 국가들의 협력 기구로, 미국과 캐나다를 제외한 33개국이 참여하고 있다. CELAC은 지역 내 정치적, 경제적 협력을 촉진하고 국제무대에서 라틴아메리카 및 카리브 지역의 통합된 목소리를 내기 위해 창설되었다. CELAC은 최근 몇 년간 남미, 카리브해 국가들의 정치적 변화에 따라 활동이 다소 주춤해진 시기도 있었지만, 최근 다시 활발한 활동을 모색하고 있다. CELAC은 다양한 국제기구와의 협력 강화를 통해 코로나19 팬데믹 대응, 경제 회복, 환경 보호와 같은 주요 이슈에 공동으로 대응하고 있다. 특히 중국과의 외교적, 경제적 협력 관계를 강화하고 있어, 향후 CELAC의 역할은 더욱 확대될 가능성이 있다. CELAC의 미래는 지역 국가들의 정치적 변동성에 영향을 받을 수 있지만, 이러한 상황 속에서도 라틴 아메리카와 카리브해 지역의 자주적 협력을 통한 통합과 발전을 모색하는 플랫폼으로서 그 중요성은 지속될 것으로 보인다.

18 무토지 농민운동MST, Movimento dos Trabalhadores Rurais Sem Terra은 브라질에서 1984년 창설된 농민운동으로, 브라질 내 가장 크고 영향력 있는 사회운동 중 하나로 꼽힌다. MST는 농지 불평등 문제를 해결하고자 농지 개혁을 요구하며, 무토지 농민들이 농지를 얻을 수 있도록 집단 행동과 점거를 통해 정부의 개입을 촉구해 왔다. MST는 브라질 내 불평등한 토지 구조 문제를 대중화하면서, 수백만 명의 브라질 농민들에게 큰 지지를 얻었다. MST는 농민들에게 농업과 공동체 자립을 위한 자원과 교육을 제공하며, 농촌 지역의 빈곤 문제와 환경 문제 해결을 지향한다. 또한 MST는 브라질 사회에서 정치적 영향력을 키워왔으며, 좌파 정치인 및 노동조합과의 연대를 통해 사회적 개혁을 이루고자 하는 목표를 지속해 왔다. MST는 여전히 농지 개혁의 필요성을 주장하며 활동을 지속하고 있으며, 사회적·경제적 불평등 해소와 환경 친화적 농업을 목표로 한다. 최근에는 식량 주권 및 환경 지속 가능성에 대한 요구가 높아지면서, MST는 단순한 농지 개혁 운동을 넘어 브라질의 사회적 불평등과 환경 문제를 해결하는 대안적 모델로 평가받고 있다. MST는 브라질 내 농민들의 권리와 자립을 위한 중요한 운동으로서 브라질의 사회적 변화를 촉진하고, 지역 공동체 내에서 자급자족과 협력의 가치가 구현될 수 있음을 보여주는 상징적 역할을 수행하고 있다.

19 나이지리아는 2014년까지 6퍼센트 이상의 연간 성장률을 보였다.

20 이 지역은 콜롬비아 서부에 위치하며 태평양과 접하고 있는 열대우림 지역으로, 세계에서 가장 비가 많이 내리는 곳 중 하나로 알려져 있다.

21 루시아가 베트남을 언급하는 것은 메콩강의 수자원 문제를 이야기하려 함이다. 메콩강은 티베트 고원에서 발원하여 중국, 미얀마, 라오스, 태국, 캄보디아, 베트남을 거쳐 남중국해로 흘러가며, 동남아시아 주요 국가들의 식수, 농업용수, 전력, 생태계를 유지하는 중요한 수자원이다. 중국과 라오스는 메콩강 상류에 여러 대형 댐을 건설해 전력을 생산하고 있다. 그러나 이러한 댐들은 하류 지역의 수량을 조절하며 홍수, 가뭄, 토

양 침식에 영향을 미친다. 특히 베트남은 메콩강 델타 지역의 수자원 의존도가 높아, 수량 변화에 따른 농업 생산량 감소와 담수 부족 문제가 발생할 위험이 있다. 기후변화로 인한 강수 패턴의 변화도 문제를 일으킨다. 이상 기후로 인해 메콩강의 수위가 불규칙해지면서 홍수와 가뭄이 빈번하게 발생하고 있으며, 베트남 메콩강 삼각주에서는 염수 침입도 심각해져 농업 생산에 큰 타격을 주고 있다. 이는 베트남의 쌀 생산량에 직접적인 영향을 미쳐 경제적 손실을 초래할 수 있다. 기후변화로 인한 강수 패턴의 변화도 문제를 일으킨다. 이상 기후로 인해 메콩강의 수위가 불규칙해지면서 홍수와 가뭄이 빈번하게 발생하고 있으며, 베트남 메콩강 삼각주에서는 염수 침입도 심각해져 농업 생산에 큰 타격을 주고 있다. 이는 베트남의 쌀 생산량에 직접적인 영향을 미쳐 경제적 손실을 초래할 수 있다. 이와 같은 문제들은 메콩강 유역 생태계와 주민들의 생존을 위협하고 있으며, 특히 베트남은 이러한 수자원 문제의 직격탄을 맞고 있다. 이에 따라 베트남은 수자원 관리와 기후변화 대응을 위해 주변국과의 협력과 대내적 수자원 정책 강화를 모색하고 있다.

22 티르소 데 몰리나Tirso de Molina(1579~1648)는 스페인의 대표적인 극작가이자 로마 가톨릭 신부로, 본명은 가브리엘 텔레스Gabriel Téllez이다. 스페인 황금시대 문학의 중요한 인물 중 하나로, 특히 '돈 후안'이라는 전설적인 캐릭터를 창조한 것으로 잘 알려져 있다. 그의 대표작인 《세비야의 난봉꾼과 석상의 손님El Burlador de Sevilla y convidado de piedra》에서 처음으로 돈 후안의 이야기가 등장하는데, 이 캐릭터는 이후 수많은 문학, 연극, 음악 작품에 큰 영향을 미쳤다. 티르소 데 몰리나는 인간의 욕망과 도덕적 갈등을 주제로 삼아 종종 종교적이고 철학적인 문제를 다뤘으며, 유머와 날카로운 비판을 통해 인간 본성에 대한 깊은 통찰을 보여주었다.

23 불가지론자agnostic는 신이나 초자연적 존재의 유무를 알 수 없다고 믿는 사람을 말한다. 불가지론은 신의 존재를 단정적으로 긍정하거나 부정하지 않으며, 인간 인식과 지식의 한계를 인정하면서 궁극적 실재나 초월적 존재에 대해 알 수 없다고 여긴다. 이 용어는 19세기 영국의 생물학자 토머스 헉슬리Thomas Huxley가 처음 사용했으며, 그는 과학적으로 증명되지 않은 신념이나 진리에 대해 단언하지 않는 태도를 강조했다. 불가지론은 종교적 질문에 대해 열린 태도를 취하되 신앙적 확신 없이 의심과 미지의 가능성을 수용하는 것이 특징이다.

24 투손Tucson은 미국 애리조나주 남부에 위치한 도시로, 주에서 두 번째로 큰 도시이다. 멕시코 국경과 비교적 가까워 히스패닉 인구가 많으며, 멕시코 문화와 역사가 풍부하다. 사막 기후를 지녀 여름은 덥고 겨울은 온화하며, 주변에는 소노란 사막이 펼쳐져 있어 독특한 자연 환경을 경험할 수 있다. 또한, 투손은 애리조나 대학교가 있는 학문과 연구의 중심지이기도 하며, 예술과 문화 활동이 활발한 도시로 알려져 있다.

25 남아메리카 안데스산맥의 고원 지대에 주로 거주하는 원주민 집단으로, 현재 볼리비아, 페루, 칠레 북부에 약 200만 명이 살고 있다. 아이마라족은 고유의 아이마라어를 사용하며, 스페인어도 널리 구사한다. 아이마라족의 문화는 공동체 중심의 가치관이 두드러지며, 가족과 이웃 간의 연대를 매우 중요하게 여긴다. 아이마라족에게 가난이란 공동체가 없는 상태를 의미할 정도로, 상호 의존과 협력의 가치를 삶의 중심에 둔다.

26 세네카Lucius Annaeus Seneca는 로마제국 시대의 철학자이자 정치가, 연설가, 극작가로 스토아 철학의 중요한 인물 중 하나다. 그는 특히 윤리적 삶의 중요성과 내면의 평정, 자제력을 강조하며 행복과 가난에 대해 깊이 성찰했다. 세네카는 물질적 풍요나 감각적 쾌락보다는 내면의 자족과 단순한 삶을 행복의 기반으로 보았다. 그에게 가난이란 소유가 적은 것이 아니라, 과도한 욕구와 필요를 가진 상태였다. 그는 인간이 많은 것을 필요로 할수록 불행해질 수밖에 없다고 보았으며, 진정한 부유함은 자족하는 마음에서 비롯된다고 설파했다. 세네카는 제국의 권력 중심부에서 활동하며, 특히 네로 황제의 스승으로서 정치적 역할을 했으나, 말년에 네로의 의심을 받아 강요된 자살로 생을 마감했다. 그의 저술은 편지 형식의 철학적 에세이로 유명하며, 오늘날에도 윤리적 성찰의 고전으로 평가받고 있다.

27 버니 샌더스Bernie Sanders는 미국의 정치인이자 상원의원으로서, 진보적이며 사회민주주의적인 입장을 대변하는 대표적인 인물로 잘 알려져 있다. 그는 경제적 불평등 문제, 의료보험 개혁, 공공 교육 확대, 기후변화 대응 등 여러 사회적 문제에서 강력한 개혁을 주장해 왔다. 특히 2016년과 2020년 대선에서 민주당 경선 후보로 출마하여 상당한 지지를 받았으며, 이 과정에서 주로 밀레니얼세대와 Z세대의 지지를 바탕으로 미국 정치에서 진보주의의 상징적인 존재로 자리 잡았다.

28 경제학자 마크 와이스브롯Mark Weisbrot은 국제 경제 정책과 신자유주의 개혁이 여러 지역, 특히 라틴아메리카와 유럽에 미친 영향에 대해 깊이 있는 연구를 수행해 온 인

물이다. 그는 경제 위기를 기회로 삼아 추진된 긴축 정책과 구조 개혁이 공공 부문 지출 삭감, 복지 서비스 축소, 단체 교섭 약화 등을 초래하며 경제적 불평등을 심화시킨다고 비판한다. 웨이스브롯의 연구는 이러한 신자유주의 정책들이 민주주의의 기능을 저해하며, 대중의 정치적 불만을 고조시키는 데 기여한다는 점을 강조한다.

29 크세노폰Xenophon은 고대 그리스의 역사학자이자 철학자, 군사 지도자로 특히 소크라테스의 제자로 알려져 있다. 그의 저작들은 군사적 경험과 정치 철학을 반영하고 있으며, 아테네 군사 원정을 기록한 《아나바시스》와 소크라테스의 가르침과 대화를 담은 《회상록》이 대표적이다. 크세노폰은 주로 스파르타와 페르시아에 관해 글을 남겼고, 특히 스파르타 체제를 긍정적으로 평가했다. 그의 저작은 정치와 군사 체제를 이해하는 데 중요한 문헌으로, 당대의 사회구조와 철학적 관점을 엿볼 수 있는 소중한 자료로 평가받는다.

30 솔론Solon은 고대 아테네의 정치가이자 시인으로, 아테네 사회 개혁을 통해 민주주의의 기틀을 마련한 인물로 알려져 있다. 기원전 6세기경, 아테네에서는 빚으로 인해 많은 시민이 노예가 되며 사회가 불안정해졌고, 이에 솔론은 '빚 탕감'과 '부채 노예 해방'을 통해 위기 해결을 시도했다. 전권을 지닌 독재자로 선출된 솔론은 빚으로 인한 노예화를 종식하고, 부유층과 빈곤층 간의 갈등을 완화하는 개혁을 단행했다. 그는 시민들에게 의회 발언권과 투표권을 부여하여 정치적 권리를 확장하는 동시에, 아테네의 법체계를 정비함으로써 민주주의의 초석을 다졌다. 솔론의 개혁은 고대 그리스 민주주의 발전에 중요한 전환점을 제공한 것으로 평가받는다.

31 무히카는 월 스트리트와 메인 스트리트의 격차를 언급하고 있는 것으로 보인다. 미국 주식의 대장주라 할 수 있는 엔비디아, 테슬라의 주가 상승률과 실물 경제의 성장률을 비교하면 그 격차가 무히카가 이야기한 것보다 더 심각하다는 것을 알 수 있다.

32 아낙사고라스Anaxagoras는 고대 그리스의 철학자로, 자연철학과 천문학에서 중요한 업적을 남긴 인물이다. 그는 만물이 무한하고 다양한 씨앗으로 구성되어 있다고 보았으며, 이 씨앗 각각에 존재의 질서와 생성을 부여하는 원리로서 '누스Nous', 즉 '지성'이라는 개념을 제시했다. 아낙사고라스에게 누스는 우주와 세계가 무질서 속에서 정돈되는 원동력이었다. 특히 그는 천문학적 현상을 합리적으로 설명하려 했으며, 일식과 월식을 과학적으로 설명한 최초의 인물로 알려져 있다. 그리스 철학에서 신화적 설명을 넘어

자연 현상을 이해하려 한 선구적인 철학자로 평가받는다.

33 사울의 이 언급은 급진 민주주의Radical Democracy 사상과 깊은 관련이 있다. 급진 민주주의는 전통적인 대의민주주의가 대중의 실질적 참여를 충분히 반영하지 못한다고 비판하며, 대중이 정치와 사회적 결정에 직접적으로 개입할 수 있도록 더 많은 참여와 권한을 부여해야 한다고 강조한다. 이 사상은 엘리트 중심의 기존 정치 구조에서 벗어나 대중이 자율적이고 능동적으로 정치적 결정 과정에 참여할 수 있는 구조를 구축하는 것을 목표로 한다. 대한민국에서 급진 민주주의를 주장한 대표적인 학자는 조희연 전 교육감이다. 그는 민주화 시대의 시민운동론을 제시하며, 진보적 패러다임의 발전을 모색하는 거대 담론을 펼쳐왔다. 또한, 급진 민주주의 연구조합인 '데모스'를 통해 민주주의의 급진화를 위한 연구 세미나를 주도하고, 비정기 간행물 《데모스》를 창간하여 관련 논의를 이어갔다.

34 핀다로스Pindar는 고대 그리스의 대표적인 서정시인으로, 주로 올림픽을 비롯한 여러 경기에서 우승한 선수들을 찬양하는 송가를 남긴 것으로 유명함. 그의 작품은 주로 신과 인간의 관계, 영웅적 성취, 덕과 명예를 강조하는 내용으로, 당시 그리스 사회의 가치와 세계관을 반영하고 있다.

35 페이디아스Fidias(혹은 피디아스)는 고대 그리스의 대표적인 조각가이자 건축가로, 특히 아테네의 파르테논 신전을 설계하고 조각한 인물로 유명함. 그는 올림피아의 제우스 신상과 아테나 파르테노스 등 고대 그리스 예술의 걸작을 창조했으며, 그의 작품들은 그리스 고전 예술의 이상적 아름다움과 조화를 구현한 것으로 평가한다.

36 페리클레스Pericles는 기원전 5세기 고대 아테네의 정치가이자 군사 지도자로, 아테네 민주주의의 황금기를 이끌었던 인물입니다. 그의 통치 시기를 '페리클레스 시대'라고 부르며, 이 시기에 아테네는 문화, 예술, 정치에서 번영을 누렸습니다. 페리클레스는 파르테논 신전 건설을 지시하여 아테네를 문화적 중심지로 발전시키고, 시민들의 일자리를 창출하며 사회적 안정을 도모했습니다.

37 여기서 언급된 "버넬"은 영국의 천체물리학자 조슬린 벨 버넬Jocelyn Bell Burnell을 지칭하는 것으로 보인다. 그녀는 펄사pulsar를 발견한 것으로 유명하며, 대중 교육과 과학 대중화에 헌신해 온 인물이다. 그녀는 과학 교육의 확산을 위해 다양한 활동을 해왔으며, 특히 과학적 지식을 일반 대중에게 전하는 데 큰 기여를 한 것으로 알려져 있다.

38　퍼스트네이션First Nations은 캐나다의 원주민 집단을 지칭하는 용어로, 캐나다 내에서 인위적으로 형성된 용어가 아니라 해당 공동체들이 자발적으로 사용하는 자칭 용어다. 이는 주로 캐나다에서 오랫동안 정착해 온 여러 원주민 부족과 공동체를 포괄하며, 메티스Métis와 이누이트Inuit를 제외한 비非-이누이트 원주민들을 가리키는 공식적인 명칭이기도 하다.

39　유아적 생태주의는 자연 보호나 환경 문제에 대한 지나치게 단순화된 접근을 의미한다. 이러한 관점은 종종 현실적인 이해나 실제 환경 상황에 대한 깊은 고찰 없이, 이상화된 개념에 의존해 환경 보호를 주장하는 경향이 있다. 이로 인해 자연에 대한 실제적이고 지속 가능한 보호보다 감성적이거나 상징적인 수준에 머무는 경우가 많다. 특히 일부 지식인이나 국제 NGO 그룹에서 나타나며, 이들은 주로 미디어와 상징적 메시지에 의존하면서 실제적인 생태적 활동에 깊이 관여하지 않는 경우가 많다. 라틴아메리카 원주민이 순수하거나 원주민 문명 혹은 문화가 생태주의적이라거나 생태 문명이라 주장하는 것 또한 유아적 생태주의의 한 부분이다. 이 관점에서 무히카의 지적은 상당히 의미가 있다.

40　아이마라Aymara족은 안데스 산맥 지역, 특히 볼리비아, 페루, 칠레 북부 지역에 주로 거주하는 원주민 집단이다. 이들은 독특한 언어인 아이마라어를 사용하며, 고대 티티카카 호수 주변에서 번성했던 고도로 발달된 문명에 뿌리를 두고 있다. 아이마라족은 전통적인 농업, 축산업, 직조 기술로 잘 알려져 있으며, 그들의 문화는 자연과의 조화를 중시하는 독특한 세계관을 포함하고 있다. 특히 파차마마(대지의 여신)에 대한 신성한 관념과 땅을 존중하는 삶의 방식이 중요한 부분을 차지하고 있다.

41　케추아Quechua족은 주로 페루, 볼리비아, 에콰도르, 콜롬비아, 아르헨티나, 칠레 등 안데스 산맥 지역에 거주하는 남아메리카 원주민 집단으로, 잉카제국의 주요 구성원이었던 사람들이다. 케추아족은 고유의 언어인 케추아어를 사용하며, 이 언어는 현재까지도 안데스 지역에서 널리 사용된다. 케추아족은 고산 지대 농업, 특히 옥수수, 감자 재배에 뛰어나며, 라마와 알파카 같은 동물 방목과 직조 기술에서도 독특한 전통을 지니고 있다. 케추아족은 자연과 신에 대한 깊은 신앙이 있으며, 파차마마(대지의 여신) 숭배가 그들의 삶과 문화에서 중요한 위치를 차지한다. 이들은 자연과의 조화를 중시하며, 전통적인 공동체 생활과 상호부조 체제를 통해 공동체적 유대를 강하게 유지하고 있다.

이러한 문화와 전통은 케추아족이 수 세기에 걸쳐 외부 압력에도 불구하고 정체성을 지켜온 중요한 요소이다.

과라니Guarani족은 주로 파라과이, 브라질, 아르헨티나 북부, 볼리비아 등 남아메리카 동부 지역에 거주하는 원주민 집단이다. 과라니족은 고유 언어인 과라니어를 사용하며, 파라과이에서는 스페인어와 함께 과라니어가 공식 언어로 지정될 만큼 사회 전반에 중요한 역할을 하고 있다. 과라니어는 강한 공동체적 정체성의 상징으로 여겨지며, 문화적 유산이 언어를 통해 이어져 내려오고 있다. 과라니족의 문화와 생활 방식은 자연과 깊이 연결되어 있다. 그들은 숲과 강을 신성하게 여기며, 이를 삶의 원천으로 간주한다.

42 여기서 "백인"은 단순히 인종을 지칭하는 말이 아니라, 역사적으로 식민주의와 제국주의를 통해 원주민과 그들의 영토에 침투하고 자연을 착취하며 파괴적인 개발을 주도해 온 서구 문화와 이를 대표하는 세력을 상징한다. 무히카는 이 '백인'이라는 표현을 주로 원주민과 자연에 대한 무분별한 개발, 자원 착취, 환경 파괴 등의 부정적인 역사를 의미하려 사용하고, 서구 중심의 개발 논리에 대한 비판으로 사용하고 있다.

43 볼리비아의 산타 크루스Santa Cruz de la Sierra는 국가 경제의 중심지로, 특히 농업과 천연자원 부문에서 매우 중요한 역할을 한다. 산타 크루스 지역은 비옥한 평야 지대와 열대 기후 덕분에 농산물 생산, 특히 대규모 농업과 소, 대두, 사탕수수 등의 주요 수출 작물이 활발히 재배된다. 이 지역은 경제적으로 부유하며, 상대적으로 자유주의적이고 보수적인 정치 성향을 가지고 있어, 수도 라파스La Paz를 중심으로 한 볼리비아 고원 지역의 다수 원주민과의 정치적·사회적 갈등을 자주 빚어왔다. 산타 크루스의 일부 엘리트와 대지주들은 종종 중앙정부와 대립하며, 자치권을 주장하거나 경제적 이익을 둘러싼 갈등을 빚기도 한다. 특히 에보 모랄레스 정부 시기에는 과두정적인 농산물 수출 엘리트들과 원주민 중심의 중앙정부 간의 긴장이 고조되었으며, 산타 크루스는 볼리비아 정치 내에서 복잡한 계급 및 지역 갈등의 상징적인 지역으로 떠올랐다.

44 무히카는 지역의 기득권층을 언급하면서 'oligarquia'라는 용어를 사용하는데, 구소련 붕괴 이후 러시아에 새롭게 등장한 재벌을 올리가르히oligarch라 부르는 것과 같은 맥락이다. 상황에 따라 재벌, 지역 호족 혹은 토호 등으로 번역할 수 있는데, 가장 보편적인 의미의 번역은 기득권층이 될 것이다.

45 유리 세대generación de cristal는 주로 밀레니얼세대와 Z세대를 지칭하는 표현으로, 이 세대가 정서적으로 취약하고, 비판이나 스트레스에 쉽게 상처받으며 깨지기 쉽다는 선입견을 반영한다. 이는 이들이 정신 건강, 사회적 불평등, 환경 문제 등 다양한 사회적 이슈에 민감하게 반응하고 목소리를 내는 모습에서 비롯된 것이다.

46 야니스 바루파키스가 주도하는 DiEM25Democracy in Europe Movement 2025는 유럽의 민주주의 회복을 목표로 하는 범유럽적 정치 운동이다. 2016년에 시작된 DiEM25는 유럽연합의 구조적 문제와 민주주의의 결여를 비판하며, 투명성과 민주적 참여를 증진하고자 한다. 이 운동은 긴축 정책에 반대하고, 사회적 정의와 평등을 추구하는 진보적, 민주적 좌파 성향을 띠며, 유럽 통합이 시민의 권리와 참여를 중심으로 재구성되어야 한다고 주장한다. 바루파키스는 그리스의 전 재무장관으로, 2015년 그리스 채무 위기 당시 유럽연합과 국제통화기금에 맞서며 긴축 반대 정책을 고수한 인물이다. DiEM25는 바루파키스의 이러한 경험을 바탕으로, 유럽 대륙을 초국가적 민주주의 운동으로 연결하고, 2025년까지 유럽연합가 완전한 민주적 연합체로 재구성될 것을 목표로 한다. DiEM25는 투명한 정책 결정, 시민 참여 강화, 인권 보호를 강조하며, 기존 정치 구조를 대체할 수 있는 새로운 형태의 민주적 유럽을 제안하고 있다.

47 포데모스Podemos는 스페인의 진보적 좌파 정당으로, 2014년에 창당되어 빠르게 성장하며 스페인 정치에 큰 변화를 일으켰다. 포데모스는 사회적 불평등 해소, 공공서비스 확충, 반反긴축 정책을 중심으로 한 경제적 재분배와 민주주의 강화를 목표로 한다. 포데모스는 스페인의 2008년 경제 위기와 긴축 정책에 반대하며 생겨난 대중 운동인 인디그나도스Indignados(분노한 사람들)에서 영감을 받았으며, 그 지도부는 주로 정치학자들과 활동가들로 구성되어 있다. 포데모스는 기존의 보수적·중도좌파 양당 체제에 도전하며, 특히 청년층과 경제적 불평등에 민감한 유권자들로부터 폭넓은 지지를 받았다. 이들은 직접민주주의와 참여민주주의를 지지하며, 시민들이 정책 결정 과정에 더욱 적극적으로 참여할 수 있는 구조를 제안한다. 포데모스는 이후 전통적인 좌파 정당인 스페인 사회노동당PSOE과 연립 정부를 구성하며, 스페인 정계에서 중요한 진보적 목소리로 자리 잡고 있다.

48 '눈먼 이기심' 또는 '맹목적 이기심'을 탐욕으로 이해할 수 있을 것이다. 인류의 위기라는 맥락이 아니라면 이기심은 개인의 덕성의 문제이지 사회적 문제는 아닐 것이다.

하지만 탐욕은 질적으로 다른 문제이다. 무히카가 말하는 자본주의적 이기심은 탐욕을 의미한다고 봐야 할 것이다.

49 자유주의적 경향tendencias libertarias. "libertaria"는 '자유주의적인' 혹은 '자유지향적인'이라는 의미로, 권위나 강제적 구조를 넘어 개인의 자율성과 자유를 강조하는 성향을 의미한다. 이 용어는 종종 좌파 자유주의traditionally left-libertarian와 연관되며, 특히 권위주의적 국가나 계층적 사회 질서에 반대하고 자율적인 사회구조를 지향하는 사상들을 포괄하는 데 사용되는 용어이다.

50 그레타 툰베리Greta Thunberg는 스웨덴 출신의 환경운동가로, 십 대 시절부터 기후변화에 대한 경각심을 일깨우기 위해 활동을 시작했다. 특히 정치 지도자들과 기업들이 기후위기 대응에 책임을 다하지 않는 점을 강하게 비판해왔으며, 2018년부터 스웨덴 의회 앞에서 '기후를 위한 학교 파업'을 시작하면서 세계적인 주목을 받았다. 이후 전 세계 청소년들과 연대하여 "미래를 위한 금요일" 운동을 이끌며 기후위기의 심각성을 알리고, 구체적이고 즉각적인 행동을 촉구하는 대표적인 목소리가 되었다.

51 글래스고에서 열린 기후변화 국제회의는 2021년 10월부터 11월까지 영국 스코틀랜드 글래스고에서 개최된 제26차 유엔기후변화협약 당사국총회COP26이다. 이 회의는 파리협정 이후 기후변화에 대응하기 위한 각국의 구체적인 이행 방안을 논의하고, 지구 온도 상승을 1.5°C 이내로 제한하기 위한 목표를 강화하는 데 중점을 두었다. 주요 논의 주제로는 온실가스 감축, 기후변화로 인한 손실과 피해에 대한 보상, 개발도상국에 대한 기후 재정 지원 등이 있었다. 회의장 내부에서는 각국 대표들이 기후위기에 대한 대책을 논의했지만, 회의장 밖에서는 수많은 젊은이와 환경운동가들이 실질적이고 즉각적인 기후행동을 요구하는 시위를 벌였다. 회의 결과로는 화석 연료 사용 감축과 더불어 국가별 탄소중립 목표를 강화하겠다는 약속이 있었지만, 구체성과 이행 가능성에 대한 비판도 이어졌다.